Wilhelm von Sternburg

Artur Schwörer
Ein Porträt

Wilhelm von Sternburg

Artur Schwörer
Ein Porträt

Passage-Verlag

Inhalt

Im Ulmer Münster

Über Ulm liegt ein strahlend blauer Himmel. Die erste Frühlingssonne spiegelt sich an diesem 21. April 2009 in den Fenstern des feingliedrigen gotischen Kirchenbaus. In den Bogenfeldern des mächtigen Hauptportals erzählen die Steinmetze mit ihren Darstellungen aus der christlichen Mythengeschichte den Besuchern – Gläubigen und Ungläubigen – vom Jüngsten Gericht und von der Weltenschöpfung ihres einzigen Gottes, von der Endlichkeit unserer Existenz auf dieser Erde. Aus den Seitenstraßen strömt am frühen Nachmittag eine immer rascher wachsende und meist dunkel gekleidete Menge auf den Münsterplatz und versammelt sich vor dem Gotteshaus. Mancher wirft einen kurzen Blick auf den sich steil in den Himmel reckenden Kirchturm – den höchsten der Welt, wie bei Stadtführungen stets mit stolzem und geschäftstüchtigem Patriotismus festgehalten wird – oder auf das mit dem mittelalterlichen Bau kontrastierende weiße Stadthaus aus den frühen 1990er-Jahren, das mit ästhetischem Ehrgeiz von dem berühmten New Yorker Architekten Richard Meier entworfen worden ist. Erstaunte Touristen fragen neugierig, welch „Prominenter“ denn heute Einzug in das Münster halten werde.

Ulmer Münster

Bald ist auch der letzte Platz im langen Kirchenschiff besetzt. Die örtlichen Zeitungen werden am nächsten Tag respektvoll berichten, dass zu dieser Stunde 2500 Menschen im Münster zusammengekommen sind, um von einem Mann Abschied zu nehmen, dessen ungewöhnliches Leben und Wirken ihre eigene

Trauerfeier im
Ulmer Münster
für Artur Schwörer
am 21.04.2009

Biografie mitbestimmt hat: als Arbeitgeber, Geschäftspartner oder großer Förderer, als Bruder oder Freund, als Ehemann oder Vater.

Auf den Blumenschmuck vor dem Altar fällt das von hellen Sonnenstrahlen durchbrochene Dämmerlicht, wie wir ihm nur in den großen sakralen Bauten des Mittelalters begegnen. Vorne in den ersten Reihen die Ehefrau, die vier Kinder und die Angehörigen der Oberstetter Schwörer-Familie, die oben auf der Schwäbischen Alb so erfolgreich Fertighäuser produziert.

Die Obrigkeit aus Stadt und Land ist gekommen. Sie weiß, was sie dem Toten zu verdanken hat. Als arbeitsplatzschaffendem Unternehmer, als Steuerzahler, als Förderer zahlreicher Projekte. „Artur Schwörer war eine Unternehmerpersönlichkeit, wie man sie nur selten findet", sagt die Vertreterin der bayerischen Landesregierung, Justizministerin Beate Merk, in ihrer Trauerrede. „Während andere Unternehmer ihren Firmensitz ins Ausland verlegten, hat Artur Schwörer die Welt erobert und trotzdem den Standort Deutschland mit immer neuen Ideen und Visionen weiter ausgebaut." Schon Tage zuvor bekundete der Bürgermeister von Weißenhorn, der bayerischen Stadt, die Artur Schwörer vierzig Jahre vor seinem Tod zum Standort des von ihm gegründeten PERI-Werkes ausgewählt hatte: „Die Stadt trauert."

Groß ist die Zahl der Mitarbeiter, die aus dem Landkreis Neu-Ulm in Bussen gekommen sind und nun neben vielen Kollegen aus dem Fertighauswerk in Oberstetten den Worten der Redner lauschen. In Weißenhorn stehen an diesem Tag die Maschinen still. Auch wenn der Seniorchef in den Jahren der schweren Krankheit nicht mehr allein das operative Geschäft des PERI-Werkes führt und die beiden ältesten Söhne den Betriebsalltag entscheidend mitbestimmen, bleibt er doch bis zu seinem Tod die Seele des Unternehmens. Sein technisch-handwerkliches Genie, seine unternehmerische Weitsicht, seine persönliche Glaubwürdigkeit und seine Fairness gegenüber den Mitarbeitern – „er war anspruchsvoll, wenn es um die Leistung ging, aber auch tolerant, wenn Fehler gemacht wurden" – und seine Mut machende Lebenshaltung haben nicht nur die Kinder und die Freunde, sondern auch viele

Artur Schwörer, 2007

Mitglieder der Belegschaft tief beeindruckt. Werner Handvest, viele Jahre im PERI-Werk an der Seite Artur Schwörers, spricht im Münster von „einem Chef, wie man ihn sich nur wünschen kann". Auch Seglerfreunde sitzen in den Reihen der Trauergäste. Artur Schwörer war Ehrenmitglied des Lindauer Segler-Clubs, und dessen Vizepräsident Eckart Prandner erinnert daran, dass „die Ernennung hierzu einstimmig (erfolgte) – ein Abstimmungsergebnis, das in Vereinen nicht sehr häufig vorkommt und das die Wertschätzung seiner Person widerspiegelt".

Der Blick der Trauernden fällt auf das mit einem schwarzen Band geschmückte Bild eines grauhaarigen, freundlich in die Kamera schauenden Mannes. Die Gesichtszüge, durch die Folgen einer schweren Jugendkrankheit auf der linken Hälfte leicht heruntergezogen, strömen Ruhe und Gelassenheit aus. Da ist einer mit sich im Reinen, schaut zurück auf ein arbeitsreiches Leben, das gesegnet war mit Erfolg und wohl auch Erfüllung. Es ist ein Bild noch vor den schweren letzten Monaten, vor den Stunden der Einsamkeit und des Kampfes gegen die tückische Krankheit, die auch diesen Macher, diesen Optimisten und Kämpfer schließlich besiegte. „Artur Schwörer ist in der Osterwoche gestorben", sagt Pfarrer Thomas Keller. „Was wir an Ostern gefeiert haben, ist der eigentliche und tiefste Grund dafür, dass wir hier sind: weil wir Artur Schwörer nicht bei den Toten suchen, sondern bei dem, der lebt und auferstanden ist – und der ihn und, wie wir hoffen, auch uns zur Auferstehung, zum ‚Leben in Fülle' führt." Er würde dem nicht widersprochen haben. Denn Artur Schwörer, dieser unabhängige Kopf, lehnte zwar die Winkelzüge der katholischen Amtskirche ab, bei deren „Politik" er häufig die „Menschlichkeit" vermisste und deren „Angstmacherei" er mit großer Distanz begegnete, aber er war – wenn auch mit skeptischer Zurückhaltung – ein gläubiger Mensch. Zu seinen Lieblingsautoren gehörte der katholische Theologe Hans Küng, dessen scharfe und durchdachte Kritik an der päpstlichen „Unfehlbarkeit" er teilte.

Wunderbare Klänge erfüllen das Kirchenschiff. Franz Raml, der bedeutende Organist und Kenner alter Musik, dirigiert das kleine Orchester. Die Trauergemeinde lauscht dem unsterblichen vierstimmigen Vokalsatz, der im Zentrum von Mozarts „Requiem" steht. Die Glocke des Münsters – geformt in einer Gießerei aus Arturs geliebtem Lindau – läutet. „Nun aber bleibt Glaube, Hoffnung, Liebe, diese drei; aber die Liebe ist die größte unter ihnen." Dieser Satz aus dem 1. Korintherbrief, der Artur und Christl Schwörer seit ihrer Trauung durch ihr Leben geleitet und den die Witwe über die Todesanzeige gesetzt hat, steht für sein Leben. Er hat ohne bigotte Selbstdarstellung geglaubt, mutig gehofft und die, die ihn durch sein Leben mit Freundschaft und Wahrhaftigkeit begleitet haben, geliebt.

„Ein Mann der Tat“

Artur Schwörers Leben ist – nimmt man den bürgerlichen Wertekanon zum Maßstab – von einem ungewöhnlichen Aufstieg begleitet. Drei Tage nach seinem Tod schreibt die „Augsburger Allgemeine“ in ihrem Weißenhorner Regionalteil: „Einer der ganz großen Wirtschaftskapitäne im Landkreis Neu-Ulm ist tot.“ Mehr noch: Was immer sein kreativer Kopf weit über das rein Berufliche hinaus entworfen, seine nie ruhende Neugier aufgegriffen hat, es gerät ihm zum Erfolg. Der Knabe blickt im Elternhaus kaum über die Hobelbank, da arbeitet er bereits mit stiller und konsequenter Energie mit dem von ihm lebenslang geliebten Rohstoff Holz. Der 22-Jährige leitet einen Baustoffbetrieb und Steinbruch der Familie Schwörer in Veringenstadt, der kleinen Stadt am Fuße der Schwäbischen Alb, und seine Erfindungsgabe, sein Improvisationstalent, seine zupackende Art erwerben ihm rasch den Respekt der Belegschaft. Er weist seinem Bruder Hannes den Weg zum aus Holz gebauten Fertighaus, das bald zum Verkaufsschlager wird und die Grundlage für den Reichtum der Familie Schwörer legt.

Als 35-Jähriger beginnt Artur Schwörer nahezu aus dem Nichts mit dem Aufbau des PERI-Werkes. Am Anfang stehen im bayerischen Weißenhorn eine kleine Halle und ein minimales Eigenkapital. Als er 2009 stirbt, ist PERI Weltmarktführer für Schalungen und Gerüste. Das Werksgelände hat zu diesem Zeitpunkt einen Umfang von 414 000 Quadratmetern, und die Zahl der Produktions- und Lagerhallen ist auf 21 gestiegen. In der PERI-Zentrale arbeiten rund 1 500 Mitarbeiter, weltweit beschäftigt das Unternehmen in insgesamt 49 Tochtergesellschaften über 5 000 Arbeiter, Angestellte und Techniker. PERI-Schalungsträgern begegnet der Baustellenbesucher auf allen Kontinenten. Im Jahr 2014 kann der älteste Sohn und Geschäftsführer Alexander Schwörer in einem Zeitungsinterview berichten: „Fast neun von zehn Euro des Umsatzes kommen aus dem Auslandsgeschäft, wir haben

Das obere Stadttor von Weißenhorn

Projekte in aller Welt.“ Und ein Wirtschaftsmagazin feiert im gleichen Jahr das Unternehmen mit enthusiastischen Sätzen: „Peri also – in der Einöde zwischen Ulm und Memmingen gelegen – erzeugt mit Rigorosität die vielfältigsten Wand-, Säulen- und Deckenschalungen, aber auch feine Trag- und Rahmengerüste aus Holz. Keine Baufirma, die etwas auf sich hält, will auf PERI-Schalungen verzichten.“

Ein Geheimnis dieses Aufstiegs ist Artur Schwörers Kreativität als Ingenieur. Er ist ein begnadeter Handwerker und rastloser Erfinder, der im kleinen Kreis seiner Technikerteams die Firmenprodukte mit hohem Ehrgeiz permanent weiterentwickelt und mit unternehmerischem Geschick vermarktet. Ein ruheloser Grübler, der selbst bei längeren Autofahrten auf kleinen Zetteln neue technische Details für die PERI-Produkte entwirft. Sie bilden oft die Grundlage für wichtige Weiterentwicklungen von Produkten, die dann in den Weißenhorner Werkshallen in die Massenherstellung gehen. Obwohl Artur Schwörer als Firmengründer und Chef mit großem Geschick die kaufmännischen Belange seines Unternehmens lenkt, hängt sein Herz vor allem an den technischen Herausforderungen, die PERI zu bewältigen hat. Nicht nur die Herstellung von Schalungen und Gerüsten mit ihren zahllosen technischen Varianten oder die Organisation der Produktionsabläufe fesseln jedoch seine Fantasie: Der leidenschaftliche Segler und Skifahrer begeistert sich nicht weniger für den Bootsbau. So konstruiert er für den eigenen Gebrauch eine Mastlegevorrichtung, die ihm und seiner Bootsmannschaft ermöglicht, den Mast ohne Kran legen zu können, um bei Konstanz die Rheinbrücken zu unterqueren. Zahllose eigene kleine Erfindungen zieren die Ausrüstung seiner Boote. In seinen Jugendjahren fertigt er sich einen eigenen Ski, später entwirft er für sein Büro ein Stehpult oder einen Papierkorb. Holz ist der Rohstoff, der ihn von Kindheit an fasziniert und seine kreativen Produktvisionen bis in die letzten Lebensjahre anregt.

In der kinderreichen Oberstetter Familie Schwörer hält man seine Gefühle im Zaum. Persönliche Zuneigung zeigen die Familienmitglieder nur höchst selten. Die Menschen, die auf der kargen, mit materiellem Segen nicht übermäßig bedachten Schwäbischen Alb aufwachsen, neigen untereinander zum spröden Umgang. Sparsam sind sie häufig nicht nur, wenn es um Geld und Güter geht, sondern auch mit der gegenseitigen Zuwendung. Umso bemerkenswerter sind die Sätze, die Artur Schwörers jüngster Bruder Heinrich im Ulmer Münster formuliert: „Wir Geschwister erinnern uns alle an ihn als unseren liebsten Bruder. Artur war immer fröhlich. Artur war es, der seine Schwestern im Liebeskummer getröstet hat. Wenn er heimkam, ging die Sonne auf! Mein Lebensglück war es, Arturs jüngster Bruder sein zu dürfen." Unter den erfolgreichen Schwörer-Brüdern ist Artur der erfolgreichste und – was vielleicht nicht weniger wichtig ist – ein Sohn und Bruder, der mit entschlossener Gelassenheit schließlich seinen eigenen Weg wählt. Er riskiert familiäre Distanz – was in einer eng miteinander verwobenen Großfamilie immer Narben hinterlässt –, ohne es zum äußerlichen Bruch kommen zu lassen.

Wen immer der Autor dieser Zeilen Jahre nach Artur Schwörers Tod aus dem Kreis seiner Mitarbeiter, seiner Seglerfreunde, seiner Hausangestellten oder seiner Familie befragt hat, das Urteil deckt sich mit Heinrich Schwörers liebevollem Bekenntnis zu seinem Bruder. Manchem treten bei Gesprächen über den Chef, den Freund oder den Förderer Tränen in die Augen, wenn er sich über ihn äußert. Er hat Charisma. Vielleicht weil er die Menschen liebt oder ihnen doch zumindest vorurteilslos gegenübertritt. Vielleicht weil ihm trotz seines steilen beruflichen Aufstiegs und des ihn begleitenden materiellen Wohlstands jeglicher Hochmut fremd bleibt, er die Begabung besitzt, seinem Gegenüber bis zum Beweis des Gegenteils zu vertrauen. Im beruflichen wie im privaten Bereich hasst er die Lüge und das Vertuschen der Wahrheit. Davon erzählen seine Mitarbeiter ebenso wie seine Frau und seine Kinder. „Er war gerecht und direkt“, sagt eine Hausangestellte. Auf einem 1966 ausgefüllten Fragebogen notiert er auf die Frage, mit wem er besonders gut harmonisiert: „Mit ehrlichen, gutmütigen und besonders tüchtigen Menschen.“

Wer ihn mit Ausreden konfrontiert, ihm vorenthält, wo die Fehler wirklich zu suchen sind, stößt auf Unverständnis und Distanz. Einen guten Freund dagegen kann er nach einem langen Arbeitstag noch um Mitternacht spontan besuchen, um bei einem Glas Wein etwas zu besprechen, was ihn gerade bewegt. Sein langjähriger Fahrer erinnert sich noch Jahre später gerührt, dass ihm der Chef bei der Hochzeit seiner Tochter den repräsentativen Mercedes überließ, mit dem er Artur Schwörer ansonsten auf Dienstfahrten chauffierte. „Er war ein Freund, den wir gerne in unserer Mitte hatten“, sagt Eckart Prandner auf der Trauerfeier, „ein Seglerkamerad, ein unaufdringlicher Ratgeber .“

Artur Schwörer ist ein Problemlöser gewesen, auch wenn es um die Probleme der anderen geht. Die Kinder, die Freunde oder die Mitarbeiter erzählen von einem Mann, der zupackt, wenn ein Konflikt ansteht, eine Frage zu entscheiden ist, sein Gegenüber ihn um Rat fragt. Im Ulmer Münster weist Werner Handvest auf diese besondere Gabe des Verstorbenen hin: „Artur Schwörer war ein Mann der Tat und ein Mensch, für den es vorwärtsgehen musste, auch wenn alle anderen wie gelähmt schienen.“ Psychologisch ist es für einen Gesprächspartner nicht immer einfach, wenn einer nicht lange diskutieren will, sondern rasch mit den (meist) richtigen Lösungsvorschlägen zur Hand ist. Häufig möchte man über seine Sorgen ausführlich reden, im Sprechen sich gerne selbst darstellen, vielleicht durch die verbale Reflexion eigene Erkenntnisse gewinnen. Artur Schwörer schafft sein Lebenswerk nicht durch vieles Reden, sondern durch Handeln. Das prägt und lässt ihn rasch Grenzen ziehen, wenn Frau oder Kinder, Mitarbeiter oder Freunde mehr auf geduldiges Zuhören als auf schnelle Problemlösungen hoffen. Vielleicht will er nicht zu stark eindringen in die seelische Problemwelt seiner Mitmenschen, vielleicht scheut der ohnehin Überlastete die Belastung, die eine solche vertiefende Zuwendung von ihm fordert. Ein Menschenfreund ist er und schreckt deswegen auch als Chef gelegentlich davor zurück, ein Überbringer schlimmer Nachrichten zu sein, wenn ein Mitarbeiter aus Organisations- oder Leistungsgründen versetzt werden soll oder gar eine Entlassung ansteht. Die Verkündigung schwieriger oder kränkender Entscheidungen überlässt er gerne einem seiner leitenden Männer oder sitzt Personalprobleme aus. Eine Schwäche, die nicht ohne Sympathie betrachtet werden kann, denn sie ist ein Hinweis auf die weichen Züge seines Charakters. Ein kalter Vollstrecker ist Artur Schwörer jedenfalls nicht, wenn es um Menschen geht. Als er in einem Fragebogen „die Liste seiner bisherigen Gegner und Feinde" aufführen soll, schreibt er: „Ist mir keiner bewusst, habe nie danach gefragt."

Artur Schwörer, 2003

In den späteren Jahren ist er auch Patriarch, Gründer und Besitzer, einer, der nicht bedenkt, was ein harscher, unüberlegter kritischer Hinweis des Chefs im Kreise der Mitarbeiter für den Angesprochenen bedeutet. Er kann brüsk reagieren, wenn ihn geschäftliche oder technische Probleme und Ideen intensiv beschäftigen und ihn Mitarbeiter oder Familienmitglieder in solchen Augenblicken ansprechen. Er ist ein glänzender Ingenieur und Kaufmann, als Manager, wie ihn heute die moderne Betriebswirtschaft fordert und ausbildet, bleibt er der Autodidakt und Individualist, einer, der gestalten und verkaufen will. Für ihn bleiben Kontrolle, personale Betriebsstrukturen oder Organigramme eigentlich nicht mehr als eine notwendige Begleiterscheinung zur Durchsetzung seiner Ideen.

Sein unternehmerisches Herzblut verströmt er auf den anderen Gebieten. Er sieht in dem österreichischen Wirtschaftswissenschaftler und damals in St. Gallen lehrenden Spezialisten für Managementlehre, Fredmund Malik, einen seiner Lehrmeister. Maliks These, dass Management ein Handwerk sei, das man nicht in einem Betriebswirtschaftsstudium lernt, findet bei Artur große Zustimmung.

Betritt er den Raum, füllt er ihn aus. Artur ist kein auffallend attraktiver Mann. Mittlere Statur, volles Haar, die Nase markant, die Augen klein, der Kopf fast halslos auf den Schultern ruhend. Auffallend sind die großen Hände. Er ist nicht dick, aber man sieht, dass er den Genuss nicht verachtet. Nicht Lautstärke, sondern Ruhe und Sicherheit machen seine Persönlichkeit aus, jeder, der ihm begegnet, verspürt sie. Diese nicht zu erlernende Gabe bleibt ein weiteres Geheimnis seines beruflichen Erfolges. Er überzeugt als redlicher Kaufmann und versierter Fachmann ebenso wie als Mensch. Seine häufig nach außen demonstrierte Zurückhaltung mag auch damit zu tun haben, dass er seit einer schweren Kinderkrankheit auf dem linken Ohr taub ist. In Geschäftsgesprächen oder in Gesellschaft leidet er darunter, überspielt dieses Handicap aber souverän. Die Frauen lieben seinen Charme, die Familie, die Freunde seinen trockenen, immer wieder durchbrechenden Humor. Im familiären Kreis zeigt er seine Lebensfreude nicht selten durch alberne „Blödeleien". Auch das gilt für diesen Macher und Schwerarbeiter: Der Erfolg hat das Kind in ihm nicht sterben lassen.

Ein lebenslanger Begleiter ist für Artur Schwörer die Musik. Im Wullenstetter Haus findet der Besucher noch heute den großen schwarzen Flügel, auf dem er spielt, wann immer er dafür die Zeit findet. Am Anfang steht die Orgel in der katholischen Dorfkirche von Oberstetten, auf der das Kind beim sonntäglichen Gottesdienst den Gesang der Kirchgänger begleitet. Während sei-

Orgel in der Dorfkirche von Oberstetten

ner Lehrzeit in Wendlingen am Neckar wohnt er bei einer Familie, deren Tochter Klavierlehrerin ist und die seine musikalische Begabung weiterentwickelt. Er wird kein glanzvoller Virtuose, das Repertoire bleibt schmal, die Arbeit raubt ihm die Zeit für die notwendigen Übungsstunden. Aber er ist bemerkenswert musikalisch, und die Liebe zur Musik versiegt nicht. Die musikalische Moderne bleibt ihm fremd und die zeitgenössische Unterhaltungsmusik hört er eigentlich nur, wenn die heranwachsenden Kinder im Elternhaus ihre Partys feiern und der Vater die jugendlichen Gäste am Grill bedient. Mozart, Beethoven, Schubert – die Welt der Klassik oder des bürgerlichen Opernbetriebes bewegen ihn. Von 1999 bis 2010 gibt es im umgebauten Lindauer Haus jährlich einen von Artur Schwörer geförderten Kurs für junge Musiker, die einem interessierten Publikum ihr Können auf dem Konzertpodium demonstrieren können.

Artur Schwörer ist in einer dörflichen Umgebung aufgewachsen. Die Schwörers aber sind eine an den Dingen der Welt interessierte Gemeinschaft. Die musische Mutter, so weiß der Sohn Hannes stolz zu berichten, kann Schillers strophenreiches „Lied von der Glocke" auswendig vortragen. Der Vater ist kein Schöngeist, jedoch ein politisch wacher Beobachter seiner Zeit. Aber im Elternhaus gibt es keine Bibliothek, und die Tischgespräche werden nicht von der Literatur oder der Kunst bestimmt, sondern vom Lebens- und Glaubensalltag einer vielköpfigen, streng katholischen Familie, die mit gesundem Geschäftssinn hart arbeitet, um ihre materielle Existenz zu sichern und ihren kaufmännischen Ehrgeiz zu befriedigen. Nach dem Besuch der Volksschule absolviert Sohn Artur sofort eine Schreinerlehre. Die Rosenheimer Fachhochschule, die der Lehre folgt, ist nicht der Ort für ein Studium generale, sondern bietet eine zwar solide, aber auf das Fach spezialisierte Ausbildung.

Artur hat das Fehlen des bildungsbürgerlichen Hintergrundes seiner Entwicklungsjahre bedauert. Wie sehr ihn diese Welt angesprochen hätte, zeigt seine große Liebe zur Musik oder auch zur Architektur. Auf einer Liste der gewünschten Fähigkeiten notiert er schon früh: „Redegewandtheit (durch die Macht der Rede wirken), stärkeres Selbstbewusstsein und dadurch sichereres Auftreten, Umgangsformen." Später versucht er, manches, was er in der Jugend auf dem Feld des Allgemeinwissens versäumt hat, nachzuholen. Neugier bleibt bis ins Alter ein Fixpunkt seines Lebens. „Wissensdurst" bezeichnet er selbst neben klassischer Musik als eine seiner Leidenschaften. Soweit ihm die Zeit dazu bleibt, ist er ein interessierter Leser. Philosophisch-religiöse Werke gehören dabei zu der ihn besonders fesselnden Lektüre. Auf die Frage, welche Lektüre auf ihn den größten Eindruck gemacht hätte, antwortet er: „Die Weisheiten eines Laotse." Aber auch politische und sich mit Wirtschaftsthemen auseinandersetzende Bücher finden seine Beachtung.

Es mag sein, dass – neben der Freude, mit jungen Menschen zu arbeiten und sie zu unterstützen – auch das Bedauern über die eigenen „Bildungsmängel" seine besondere Hinwendung zur Ausbildung und Betreuung Jugendlicher bestimmt hat. Das gilt auch für den Segler. „Er hat unserer Jugend großartige Segelerlebnisse in den verschiedensten Revieren ermöglicht", erinnert sich der Trauerredner des Lindauer Segler-Clubs, „zwischen Skandinavien und Sardinien waren sie mit ihm unterwegs und haben vieles erlebt und viele Eindrücke gesammelt, die weiterwirken. Von der nächtlichen Flucht vor schwedischen Mückenschwärmen bis zu Siegesfeiern an der süditalienischen Küste. Die Jugend war auch allein – ohne ihn – unterwegs. Großzügig überließ er häufig sein schönes und schnelles Schiff einer Jugendmannschaft. Wer die Unbekümmertheit der Jugend und das raue Regattageschehen kennt, weiß, dass hierzu Toleranz und eine nicht zu übertreffende Großzügigkeit gehört." Natürlich ist es für den „Kapitän" auch eine gute Sache, wenn er in seinem Bootsteam kräftige, junge Segler zur Seite hat, die ihn bei den anstrengenden Regattamanövern unterstützen. Auch die schon erwähnten Lindauer Musikkurse, die er finanziert, gelten talentierten, jungen Musikern. Jugend bedeutet für ihn immer Zukunft. Hier zu helfen und zu fördern, bereitet ihm Freude: im Unternehmen, im Regattateam, in der bewegten Stille des Konzertsaales.

Aufgewachsen in einer Großfamilie bleibt Artur Schwörer zeitlebens ein Familienmensch. Vor seiner Heirat antwortet er einmal auf die Frage, welches die drei Menschen seien, die seine größten Sympathien genießen: „Meine Eltern und alle meine sieben Geschwister." Die Familie gibt ihm die Kraft und den notwendigen Ausgleich, um die ungeheure Arbeitslast zu bewältigen, die spätestens mit der Gründung und dem Aufstieg des eigenen Unternehmens seinen Alltag bestimmt. 1967 heiratet er die dreizehn Jahre jüngere Christl Baeuerle, und dieser Lebensbund wird sich als einer der großen Glücksfälle im Leben des Artur Schwörer erweisen. Auch in der Welt der Ulmer Kaufmannsfamilie Baeuerle weiß man über Soll und Haben Bescheid, kämpft man um Kunden und Bankkredite, wie bald Christl Schwörers Ehemann.

Artur Schwörer ist – soweit wir das von einem Menschen sagen können – ein unabhängiger Mann. Regeln liebt er nicht und Autoritäten steht er skeptisch gegenüber. Als Einziger der streng katholisch aufwachsenden Schwörer-Brüder dient er in Kindertagen nicht als Ministrant, was die sehr gläubige Mutter zweifellos betrübt. Er heiratet eine protestantische Frau, und das wird von der Mutter zunächst mit großer Zurückhaltung zur Kenntnis genommen. Während der älteste Bruder Hermann später eine politische Karriere einschlägt und jahrzehntelang für die baden-württembergische CDU im Bundestag sitzt, ist Artur Schwörer als gehorsamer Parteisoldat nur schwer vorstellbar. Die Worthülsen der Politik, die schlichten und einseitigen, fast immer ideologisch gefärbten „Wahrheiten", die sie in der Regel zu verkünden weiß, sind seine Sache nicht. Gelegentlich spottet er heftig über die sich in verbalen Tiefen verlierenden Selbstdarsteller in den Parteien und Parlamenten. Wenn die Sozialdemokraten oder die Grünen – beiden Richtungen steht er betont reserviert gegenüber – etwas vorschlagen oder durchsetzen, was ihm logisch und notwendig erscheint, dann ver-

Fröhlich und entspannt auf der Terrasse im Privathaus 2007

birgt er seine Zustimmung nicht. Er ist ein Konservativer (und Mitglied der CSU), der das selbstständige Denken und Handeln nicht vergisst und mit Skepsis das öffentliche Auftreten der Autoritäten in der Politik, in der Amtskirche und schließlich auch in der Oberstetter Familie verfolgt. Was nicht ausschließt, dass der Familienmensch Artur seinen wahlkämpfenden Bruder Hermann unterstützt oder er sich gelegentlich als Gast christdemokratischer Veranstaltungen mit idealistischer Leidenschaft zu Wort meldet.

Als Ingenieur gibt es für ihn auch in den häuslichen Debatten über die öffentlichen Dinge eine klare Position. Den Lauf der Welt interpretiert er aus der Sicht eines Unternehmers, eines Menschen, der durch eigene Kraft den Weg von Oberstetten nach Weißenhorn, vom Schreinerlehrling zum Fabrikanten durchschritten hat. Aber der konservative Artur ist ein feinfühliger Mensch: Als jüngerer Sohn unter dem Diktat der älteren, nicht allzu sensiblen Brüder aufgewachsen, hat er in seinem Leben stets ein Herz für die Schwächeren, wenn es im Privaten oder im Beruflichen zu Konflikten kommt.

Antiautoritär ist er auch im Kleinen. Der noch führerscheinlose junge Artur steuert bedenkenlos einen Lkw, wenn im Oberstetter Familienbetrieb eine Lieferung dringlich ist und kein anderer Fahrer zur Verfügung steht. Der rasante Autofahrer hält sich später nur sehr oberflächlich an die vorgeschriebenen Geschwindigkeiten, wenn er selbst am Steuer sitzt. Er liebt das Tempo, und mancher Unfall erzählt davon. Es sind die kleinen privaten Revolutionen, die er praktiziert. Verbote des Lebensalltags scheinen für ihn immer so etwas wie persönliche Herausforderungen zu sein. Die Kinder wissen zu berichten, dass der Vater sie bei der Heimkehr aus der Schule nicht selten verschmitzt fragte, ob sie heute auch schon „etwas Verbotenes" getan hätten. In den immer dunkler werdenden Tagen der Krankheit lässt ihn die persönliche Unfreiheit häufig verzweifeln, die das Leben an Schläuchen, die Gebundenheit an das Krankenhausbett, der Verlust der körperlichen Selbstbestimmtheit mit sich bringen. Im Mainzer Krankenzimmer sind die Fenster aus Hygienegründen fest verschlossen. Artur lässt sich heimlich einen Spezialschlüssel besorgen. Räume mit Fenstern, die nicht zu öffnen sind, empfindet er zeitlebens als Graus. Will man das Leben und Denken des Artur Schwörer verstehen, dann bleiben Freiheit und Unabhängigkeit dafür zwei Schlüsselbegriffe.

Die oft spielerische Distanz zu den Verbotsschildern unseres Alltags hat eine wichtige berufliche Seite. Der betriebswirtschaftliche Autodidakt Artur Schwörer baut sein Unternehmen nicht zuletzt auch durch ein häufig sehr unkonventionelles Vorgehen auf. Wer nur Warnschilder sieht, dem fehlt bald der Mut zum Risiko. Bis Jahre nach seinem Tod gibt es im gesamten Unternehmen keinen Anwalt. Bedenkenträger empfindet der vorwärtsstürmende Unternehmensleiter als störend. Artur hat bis zum endgültigen Welterfolg des PERI-Werkes in den 1990er-Jahren immer ein wenig über seine Verhältnisse gelebt. „Damit man weiß, wofür man schafft", sagt er in solchen Momenten mit einem verschmitzten Lächeln. Der Kampf mit den Banken um die Bereitstellung des notwendigen Fremdkapitals ist hart, nervenaufreibend und zeitweise sogar von existenzieller Bedeutung für das Unternehmen. Die Übermacht der Marktkonkurrenten, die in den Anfangsjahren des PERI-Werkes manch anderen hätte verzagen lassen, scheint unüberwindbar zu sein. Aber Artur Schwörer zweifelt nie an seinen technischen und unternehmerischen Visionen. Weil er ein „Das geht nicht" nur selten hinnimmt, kann er die Warnsignale häufig nur als zu überwindende Hindernisse akzeptieren, die den Erfolg allenfalls verlangsamen, aber nicht stoppen werden. Und wenn es denn sein muss, trumpft er im Kampf um Patente und Märkte auch mit schlauer Cleverness auf.

Ansprache beim PERI-Golf-Cup 2003

Das Leben nimmt Artur Schwörer, wie es kommt. „Es ist, wie es ist" gehört zu seinen Glaubenssätzen. „Seine Art war nicht das lange Grübeln, die Skepsis, der Pessimismus, sondern der Blick nach vorn, die Bewegung, die Zukunftsorientierung", erinnert sich Werner Handvest, langjähriger Mitarbeiter bei PERI. Er liebt die Geselligkeit, ein gutes Essen und ein gutes Glas Wein. Selbst in Zeiten, als die Finanzlage des Unternehmens es eigentlich nicht zulässt, steigt er im Urlaub mit der Familie gerne auch einmal im feinsten Hotel des Ortes ab und sucht für den Restaurantbesuch im Michelin das Haus mit den meisten Gabeln aus. Das Leben als Herausforderung, als anspornendes Spiel. Wenn die Kinder dabei sind, folgt allerdings auf das Essen im „besseren" Restaurant stets der Hinweis, danach müsse man aber wieder „hart schaffen". Und mit dieser Haltung ist er nicht nur für seine Familie immer ein Vorbild gewesen.

Die jährlichen Betriebsfeste in seinem Unternehmen, die von ihm organisierten Feiern im Lindauer Segler-Club oder zu Hause im privaten Freundeskreis zählen für ihn zur Habenseite des Lebens. Er freut sich, wenn die Menschen vergnügt sind. Einer von Arturs Lieblingssätzen lautet: „Das war ein guter Tag. Heut hab ich viel geschafft." Privat notiert er 1966 auf die Frage, was er sich wünsche, wenn er drei Wünsche frei hätte: „Einen eigenen Betrieb mit 100 Mitarbeitern, ein hübsches Idealweib und drei Wochen Urlaub im Jahr."

„Es war ein reiches Leben, das jetzt zur Vollendung gekommen ist", sagt Pfarrer Thomas Keller im Ulmer Münster. Der Blick auf sein Leben lässt vermuten, dass Artur nicht wie der in der griechischen Mythologie beschriebene Sisyphos den Neid der Götter geweckt hat. Aber auch sein Leben war neben den Freuden der Ebene ein mühevolles Wälzen schwerer Steine. Albert Camus, der den Mythos des Sisyphos zum Symbol für das Absurde unserer Existenz erhoben hat, beendet seinen Essay mit den Sätzen: „Der Kampf gegen Gipfel vermag ein Menschenherz auszufüllen. Wir müssen uns Sisyphos als einen glücklichen Menschen vorstellen." Auch Artur Schwörer war – nimmt man alles in allem – ein glücklicher Mann.

Auf der Schwäbischen Alb

Weite Flächen, gelbe Kornfelder, grün leuchtende Wiesen, blühende Wacholderheiden hier, karge Böden, mächtige Felsen aus Jurakalk, kalte Schneeflächen dort – die Schwäbische Alb ist eine Landschaft der Gegensätze. Der Wanderer taucht ein in die Naturschönheiten des Mittelgebirges und erschauert in den Steinwelten eines vor über 200 Millionen Jahren entstandenen Schichtstufenlandes. „Das ist eine ruhige, klare Freude auf der Alb, wenn der Mai erwacht", schwärmt mit dem romantischen Pathos der Zeit ein Heimatdichter vor sechzig Jahren. „Es ist, als ob eine linde, warme Hand in feierlich segnender Bedachtsamkeit über die Fluren hinstriche und ein mildes Auge darüber lächelte." Rau und kalt aber ist dieses Land auch. Auf den Höhen leuchten die Burgen und Schlösser der alten Geschlechter, die in Südwestdeutschland ihre

Feudalrechte ausübten. Die Staufer bauten hier ihre steinernen Wohn- und Verteidigungsstätten, in Sigmaringen saß und herrschte seit 1575 die katholische Linie der Hohenzollern. Reutlingen oder Nürtingen erzählen mit ihren alten Stadtmauern und Festungswällen, ihren Fachwerkhäusern, steilen Kirchtürmen und Steinbrunnen vom Selbstbewusstsein der Städte im Mittelalter, in denen auch die Klöster reich waren und die Mönche noch ihre Felder bestellten oder mit fleißiger Hand die alten kirchlichen Schriften überlieferten.

Für die einfachen Menschen – Bauern, Landarbeiter, Handwerker, Händler – ist es über Jahrhunderte hinweg ein Land, in dem der Existenzkampf hart ist, es für viel Arbeit nur kargen Lohn gibt. Die Menschen der Schwäbischen Alb sind schweigsam, ihr Gott ist streng und der Nachbar nicht nur ein Freund. Eine protestantische, eine pietistische Welt, denn im 16. Jahrhundert entwickelt sich diese Region zu einer der Kernzellen der Reformation – mehr Calvin als Luther. Die Katholiken bleiben bald eine auf wenige Landflecken beschränkte Minderheit. Ein geschichtsträchtiger Boden ist die Heimat des Artur Schwörer.

Geboren wird er am 3. Februar 1933 in der Tübinger Frauenklinik und aufgewachsen ist er in Oberstetten, einem kleinen Ort, der auf einer Hochfläche der Schwäbischen Alb liegt. Nicht mehr als 600 Einwohner, knapp 100 Häuser mit kleinen, nebeneinander angeordneten Bauerngehöften, eine Hauptstraße und die katholische Heilig-Kreuz-Kirche, deren Fundamente bereits im 11. Jahrhundert gelegt worden sind – im Geburtsjahr Artur Schwörers ist Oberstetten im damals noch existierenden Kreis Münsingen ein Dorfflecken. Im Sommer ist er umgeben von hügeligen, sonnendurchfluteten Weiten, im Winter wehen eisige Winde, und Frost liegt über dem Land. Nicht fern der Turm der Ruine Hohenstein, einst Wohn- und Wehrstätte eines Adelsgeschlechtes und

Ansicht von Oberstetten einst und heute

seit der Gemeindereform von 1975 Namensgeberin der aus fünf Ortsteilen bestehenden Gemeinde, zu der das heutige Oberstetten zählt. 20 Kilometer sind es bis zur Kreisstadt Reutlingen, einst eine Hochburg protestantischer Glaubenslehre. Ebenso nah Sigmaringen, mit dem herrlichen Schloss und Bad Urach mit seinen Kirchen, Brunnen und wunderbaren Fachwerkhäusern. Diese drei Kleinstädte sind für die Schwörer-Geschwister in ihrer Kindheit so etwas wie die große Welt. Nach Ulm sind es 73 Kilometer. Aber die alte Festungsstadt an der Donau liegt für Artur Schwörer in einer Zukunft, die noch nicht begonnen hat.

Auf den ersten Blick wächst Artur in einer ländlichen Idylle auf. Aber das täuscht. Auch in den Städten und Dörfern der Schwäbischen Alb wehen in seinen Kindheitsjahren die Hakenkreuzfahnen, herrschen die lauten und gewalttätigen Herren in den braunen Uniformen über die Bauern und Kleinstädter, die in ihrer Mehrheit und häufig nicht ohne Begeisterung Hitler gewählt haben. Bald werden dann auch viele Väter und Söhne aus Reutlinger, Sigmaringer, Uracher oder Oberstetter Familien ihr meist junges Leben in den eisigen Schneewüsten Russlands, auf dem gebirgigen Balkan oder in den Wüsten Nordafrikas verlieren. Besonders viele der Gefallenen aus Oberstetten sterben an den umkämpften Küsten der Normandie.

Die Schwörers leben seit vielen Generationen auf der Schwäbischen Alb. Im Kirchenbuch von Oberstetten findet sich ein 1761 in Eglingen (Kreis Münsingen) geborener Michael Schwörer, der als Maurer arbeitet und 1848 in Oberstetten gestorben ist. Arturs Ururgroßvater Johannes Schwörer wird 1787 in Oberstetten geboren, wo er ebenfalls als Maurer tätig ist und 1856 stirbt. 1828 ist das Geburtsjahr des Urgroßvaters Johannes. Dessen ebenfalls gleichnamiger Sohn bewirtschaftet einen Bauernhof und wird Bürgermeister in Oberstetten. Ein auch politisch überaus aktiver Mann ist dieser Johannes Schwörer. „Er war ein fanatischer Bauernbündler", schreibt der Enkel Hannes viele Jahrzehnte später über seinen Großvater in seinen Erinnerungen, „und als solcher gehörte er dem Reichswirtschaftsrat in Berlin an. So fuhr er alle paar Monate mit Postauto und Zug nach Berlin zu den Sitzungen.

In Oberstetten hatte er immer zu Pfarrer Späth ein gespanntes Verhältnis, weil er für den Bauernbund Werbung machte und auch kandidierte; der Pfarrer war natürlich fürs Zentrum. Politisch waren sie also Gegner und konnten sich nicht leiden." Nach Aussagen seines Enkels Hermann hat sich der Bürgermeister von Oberstetten besondere Verdienste bei der Organisation der schwierigen Wasserversorgung im Landkreis Münsingen erworben. Die Schwäbische Alb besteht aus Kalkstein, durch das Regenwasser schnell versickert. Es musste daher in künstlich angelegten Teichen (Hülen) gesammelt werden. Nach seinen Bürgermeisterjahren ist Arturs Großvater als Stiftungspfleger für einige – einst in seinem Besitz befindliche – Oberstetter Grundstücke tätig. In den Unterlagen der Vermögensverwaltung der Uracher Herzöge finden sich auch Briefe von Johannes Schwörer an Amalie, die Herzogin von Urach. Nach dem frühen Tod seiner ersten Frau wählt er seine zweite Ehefrau aus Oberstetten. Bodenständig, strebsam, sparsam und eigenwillig ihre Ideen verfolgend, sind diese schwäbischen Schwörers. Ihr unternehmerischer Aufstieg beginnt aber erst in den beiden nachfolgenden Generationen.

Arturs Vater Johannes Schwörer wird 1891 geboren. Als zweiter Sohn ist er nicht Erbe des elterlichen Bauernhofes. Dieser fällt an den älteren Bruder Josef, der wie sein Vater auch als Bürgermeister von Oberstetten amtieren wird. Der Zweitgeborene lässt sich als Kunstmaler in Rottenburg und in Stuttgart ausbilden und spezialisiert sich auf die Kirchenmalerei. Der junge Mann restauriert in seiner Gesellenzeit in mancher Kapelle oder Kirche alte, vom Verfall bedrohte sakrale Gemälde oder schmückt sie mit eigenen Schöpfungen.

Der Krieg, der am 1. August 1914 beginnt, wird dann auch für Arturs Vater

Johannes Schwörer (links) im Maleratelier mit Farbpalette

Johannes Schwörer und Hilde Schölldorf als verlobtes Paar

zum existenziellen, sein Leben dramatisch verändernden Ereignis. Der Bauernsohn wird als Meldereiter eingesetzt. Wenige Wochen vor Kriegsende, am 1. September 1918, wird er an der Westfront schwer verwundet. Während eines heftigen Granatbeschusses sucht er mit einem Begleiter Schutz im Keller eines Hauses. Als er in das Erdgeschoss geht, um die dort zurückgelassenen Pferde zu beruhigen, trifft ihn ein Granatsplitter am Kopf. Er durchschneidet die Sehnerven an beiden Augen. Johannes Schwörer erblindet.

Aus dem Lazarett zurückgekehrt, steht er vor dem Nichts. Aber er ist eine willensstarke Persönlichkeit und wird sich in den schweren Jahren nach der militärischen Niederlage, der Revolution von 1918/19 und der von Inflation und politischer Unsicherheit geprägten Weimarer Republik eine neue Existenz aufbauen. Am Anfang dieses neuen beruflichen Lebensabschnittes steht für Johannes Schwörer eine kaufmännische Ausbildung, die er sich mithilfe einer wohlhabenden Förderin leisten kann.

Schon vor dem Krieg lernt er bei einer Restaurationsarbeit in Waldhausen bei Riedlingen die junge Hilde Schölldorf kennen. Ihr 1827 geborener Großvater hatte dort einen Bauernhof gekauft. Sein dritter Sohn Augustin (geboren 1864), der Vater von Hilde Schölldorf, arbeitet viele Jahre als Müller an verschiedenen Mühlen. 1892 heiratet er die Tochter des Schultheißen und Bauern Anton Egle aus Waldhausen. Kurz vor seiner Hochzeit kauft er dort die

Das elterliche Bauerngehöft von Hilde Schwörer, geb. Schölldorf, in Waldhausen bei Riedlingen

Gastwirtschaft „Zum Mohren", zu der eineinhalb Morgen Land gehören. Später wird Augustin Schölldorf sie verkaufen und für den Erlös einen Bauernhof erwerben. Elf Kinder werden geboren, und das Auskommen der Großfamilie Schölldorf bleibt knapp. Artur Schwörers Mutter kommt 1894 als zweites der Schölldorf-Kinder zur Welt. Durch ein hartes Arbeitsleben ist es Augustin Schölldorf gelungen, die materielle Existenz seiner großen Familie zu sichern. Er stirbt 1939.

Vater und Mutter von Artur Schwörer stammen also von Vorfahren ab, deren Heimat schon seit über zweihundert Jahren auf der Schwäbischen Alb bzw. in Oberschwaben liegt. Schwer arbeitende und gottesfürchtige Männer und Frauen sind sie, solide Handwerker und Bauern. Das wenige, was wir von ihren Lebensläufen wissen, deutet an, dass sie sich in ihrer Lebenswelt auch dem Gemeinwohl verpflichtet fühlen, einige von ihnen dort als Bürgermeister oder politische Vertreter des Bauernstandes, als Gemeindevertreter oder Feuerwehrkommandanten wirken.

Der schwer kriegsversehrte Johannes Schwörer heiratet Hilde Schölldorf Ostern 1921 in Oberstetten. In seinen autobiografischen Notizen schreibt Artur Schwörer: „Er ging zusammen mit seinem Bruder 35 Kilometer zu Fuß nach Waldhausen bei Riedlingen, um dort um die Hand meiner Mutter anzuhalten. Sie sagte Ja, obwohl ihr sicher klar war, was es bedeutete, diese Verbindung mit einem blinden Mann einzugehen." Die junge Braut soll den Antrag mit den Worten kommentiert haben: „Jetzt braucht er mich erst recht."

Johannes und Hilde Schwörer kurz nach der Hochzeit

In der Oberstetter Poststelle

In Oberstetten baut sich das Ehepaar mithilfe der Kriegsversehrtenrente von Johannes auf einem Grundstück an der Hauptstraße ein kleines Haus, das bald zum „gesellschaftlichen" Mittelpunkt in dem ländlichen Ort werden wird. Die Mutter bekommt die Poststelle für Oberstetten, in der sich das einzige Telefon im Ort befindet. „Unser Haus wurde auf diese Weise der Mittelpunkt des Dorfes", hält Artur Schwörer fest. Bruder Hannes schreibt: „Also sehr vieles, was sich im Ort abspielte, bekamen wir mit. Ich musste viele Telefonnachrichten ausrichten und kannte jedes Haus genau." Wenig später kommt eine Tankstelle hinzu, die von den Schwörers betrieben wird. Vier Mal täglich hält vor dem Haus der Postomnibus, der Zwiefaltendorf und Kleinengstingen verbindet. Die Poststelle wird bis zu ihrer Pensionierung im Jahr 1988 von Arturs Schwester Hedwig geführt. Deren Tochter, eine Nichte von Artur, lebt noch heute in dem Oberstetter Haus. Die Gräber von Arturs älteren Geschwistern liegen auf dem Oberstetter Kirchhof.

Das Elternhaus ca. 1925

Das Elternhaus im Jahr 2016

Im Wohnzimmer des zweistöckigen Baus beginnt in den frühen Zwanzigerjahren auch das Kaufmannsleben von Hilde und Johannes Schwörer. Am Anfang steht der Verkauf von Tabakwaren und Süßigkeiten, und bald sind sie Besitzer eines dörflichen Kolonialwarengeschäftes, in dem die Ortsbewohner, die Bauern und Landarbeiter der Umgebung oder durchreisende Besucher der Schwäbischen Alb Nahrungsmittel und Getränke, Farben und Lacke kaufen können. „Es war kein üblicher Tante-Emma-Laden", erinnert sich Sohn Hannes.

„Wir führten nämlich auch Textilien, Eisenwaren, sogar Fahrräder und überhaupt alles, was man auf dem Land brauchte. Der relativ – für heutige Begriffe – kleine Laden war wie ein kleines Kaufhaus. Wir hatten zum Beispiel Bleyle-Kleidung und Textilwaren aus Sachsen und Thüringen, damals die höchste Qualität."

Familie Schwörer im Jahr 1941; obere Reihe von links: Richard, Vater Johannes, Hermann, Hannes; untere Reihe von links: Hedwig, Irmgard, Mutter Hilde mit Heinz, Artur und Hilda

Acht Kinder – fünf Söhne und drei Töchter – vergrößern in den nächsten Jahren die Familie. Bestimmend ist der Vater, die Seele der Familie wird die Mutter. Johannes Schwörer erweist sich nach seiner Rückkehr aus dem Krieg als zielbewusster Kaufmann, den die lebensverändernde Kriegsverwundung nicht brechen kann. Artur wird festhalten: „Auch ohne Sehkraft war mein Vater ein Unternehmer mit großer Durchsetzungskraft. Voller Energie und Tatendrang sowie mit einem überaus starken Willen – so habe ich meinen Vater damals gesehen, und so sehe ich ihn noch heute. Ich hatte als Kind sogar nie das Gefühl, einen blinden Vater zu haben." Die Kehrseite dieses schwierigen Lebens: Johannes Schwörer neigt zum Jähzorn, reagiert mit ärgerlicher Ablehnung, wenn ihm, dem Blinden, Hilfe angeboten wird, und er fordert viel von seinen Kindern. „Ich hörte oft, dass andere den

Vater als sehr streng bezeichneten, ich selbst habe davon nichts abbekommen", berichtet Artur allerdings später. „Trotz seiner manchmal aufbrausenden Art war mein Vater auch ein sehr geselliger Mann. Zu Hause hat er oft die ganze Nacht mit Gästen durchgefeiert – sogar sein fünfzigjähriges Blindsein." Und die Schwiegertochter,

Das Auto des Vaters mit „Chauffeurin" Olga am Steuer, links blinzelt Artur über die Fahrertür

Arturs Ehefrau Christl, wird Jahrzehnte später in einem Vortrag über die Geschichte von PERI erzählen: „Mein Schwiegervater war ein unheimlich humorvoller und energiegeladener Mensch. Wenn man ihn kennenlernte als blinden Mann, hatte man nicht das Gefühl, einem Blinden gegenüberzustehen. Morgens kam er zur Tür herein, warf seine Mütze an den Haken und fühlte sich zu Hause, wie wenn er alles sehen würde. Und er war – trotz Blindseins – seiner Zeit immer ein bisschen voraus. So hatte er später, Ende der Zwanzigerjahre/Mitte der Dreißigerjahre, schon als Erster im Umkreis einen Pkw, Typ Adler, später Typ Daimler-Benz, und einen Chauffeur."

Der Dorfladen befriedigt den Tätigkeitsdrang von Johannes Schwörer nicht. 1926 gründet er einen Baustoffhandel und findet in Oberstetten und der Umgebung seine Kunden. Da Zement, Ziegelsteine und Dachplatten damals noch überwiegend mit der Eisenbahn transportiert werden, baut sich der frischgebackene Baustoffhändler am nächstgelegenen Bahnhof, er liegt in dem Dorf Kleinengstingen, eine Lagerhütte. Dort konnten die Bauern und sonstige Kunden ihre Baumaterialien abholen. „Manchmal", so berichtet Christl Schwörer, „hat er sogar allein als blinder Mann Baustoffe ausgegeben, sich die Menge und die Adresse gemerkt und zu Hause aufschreiben lassen." Den 10 Kilometer langen Weg von Oberstetten zu seinem Warenlager in Kleinengstingen legt

Johannes Schwörer – wenn ihn nicht ein Erwachsener oder eines seiner Kinder begleitet – mit einem Blindenhund zurück.

Sohn Artur wird die Freude am geselligen Feiern und den Humor vom Vater erben. Als Unternehmer, als Segler, Golfer oder Skifahrer liebt er später Festlichkeiten, an denen sich Vereinsmitglieder, Mitarbeiter, Freunde oder die Familie amüsieren und die er dann als vermögender Unternehmer großzügig gestaltet. Aber der Vater bleibt der dörflichen Gesellschaft gegenüber zurückhaltend, auch dieser Charakterzug ist Artur nicht fremd.

Ein eigenwilliger Kopf ist dieser Johannes Schwörer jedenfalls, ein tatkräftiger Kaufmann und energischer Konservativer. Aber immer auch bereit, anderen zu helfen. So berichtet Sohn Hannes, dass in einem besonders harten Winter eine „Zigeuner-Familie", die in der Nähe im tiefen Schnee stecken geblieben war, vom Vater ins Haus geholt wurde, er für sie heizte und die Mutter für die Bewirtung der in Not geratenen Großfamilie sorgte.

In den NS-Jahren sind die älteren Söhne begeisterte Hitlerjungen, der Vater aber verfolgt das gefährliche politische Vabanquespiel der Nationalsozialisten mit großer Skepsis. Auch die Mutter soll bei der Nachricht von Hitlers Ernennung zum Reichskanzler mit großer Trauer reagiert haben. Johannes Schwörer „hörte immer viel Radio, während des Zweiten Weltkriegs bevorzugt Schweizer Sender. Einmal wurde er deswegen angezeigt, konnte aber glaubhaft erklären, dass er als Blinder länger nach den Sendern suchen müsse". Später nach dem Krieg verfolgt er den unternehmerischen Erfolg seiner Kinder mit großem Stolz. Den sich dann abzeichnenden Familienkonflikten steht der alte Mann aber weitgehend hilflos gegenüber.

„Ich war glücklich in meinem Dorf"

Der Kreis Münsingen ist protestantisch geprägt. Oberstetten aber gehört zum Kloster Zwiefalten, und das schmale Gebiet, das zwischen diesen beiden Orten liegt, ist katholisch. Arturs Mutter bleibt zeitlebens eine zutiefst gläubige Frau. Sanft, hilfsbereit und ausgleichend, glättet sie manchen Zorn des Gatten oder Auseinandersetzungen zwischen den heranwachsenden Geschwistern. Der sonntägliche Kirchenbesuch der Familie ist für sie so selbstverständlich wie der Auftritt der älteren Brüder als Ministranten. Den vierten Sohn Artur dagegen zieht es zur Orgel der kleinen Oberstetter Kirche. Kein Bettler – oder später in den ersten Nachkriegsjahren kein Flüchtling – geht ohne Unterstützung am Haus der Hilde Schwörer vorbei. „Du trägst noch alles aus dem Haus", knurrt Johannes Schwörer, wenn wieder einmal ein Bedürftiger mit einem kleinen Hilfspaket unter dem Arm das Geschäft verlässt. „Ich bin überzeugt", schreibt Hannes Schwörer später, „dass sie schon zu Lebzeiten eine Heilige war." Ihr Herzenswunsch aber sollte sich nicht erfüllen: Der älteste Sohn Hermann wird nicht die ersehnte Priesterlaufbahn einschlagen, sondern den Weg in die Politik wählen.

Beim Sonntagsspaziergang mit Papa Johannes und Bruder Heinz, ca. 1943

Der christliche Glaube bleibt später jedoch für die Kinder ein selbstverständlicher Lebensbegleiter. Sie werden erfolgreiche, wenn es sein muss, gerissene Kaufleute. Die Brüder führen später keine klösterliche Existenz. Im Gegenteil, sie wissen neben der harten Arbeit des Tages die prallen Seiten des Lebens zu genießen. Es gibt auf der Schwäbischen Alb bald manches Geflüster über das lustige und gelegentlich auch laute Treiben der selbstbewussten, wohlhabenden und genießenden Söhne des Johannes Schwörer. Aber der ererbte christliche Glaube bleibt ihnen allen etwas, an dem sie nie ernsthaft zweifeln.

Kloster Zwiefalten

Johannes Schwörer fordert von seinen Kindern viel. „Der Vater hat mir vor allem militärische Tugenden beigebracht, wie Pünktlichkeit, Ordnung und blinden Gehorsam, und natürlich musste man Tag und Nacht arbeitsbereit sein“, schreibt Hannes Schwörer aus der Sicht des Älteren. „Freiheit oder Freizeit gab es nicht. All die Möglichkeiten der Bildung oder im Sport, die die Kinder heute haben, gab es überhaupt nicht. Dafür hatten die Eltern gar keinen Sinn und kein Verständnis. Sie waren viel zu sehr beschäftigt, in jedem Haus hatte man so zwischen fünf und zehn Kinder. Urlaub machte niemand, auch meine Eltern haben niemals Urlaub gemacht. Man musste immer da sein.“ Die Schwörer-Kinder wurden auch zur Arbeit auf den Bauernhof des Großvaters in Waldhausen geschickt. „Er war ein ganz

Artur hilft mit beim Leeren der Abortgrube und beim Fegen von Kohlestaub

strenger Mann. Man musste bei ihm immer arbeiten und in Bewegung sein, zum Beispiel Vieh hüten, und das durfte man erst eintreiben, wenn es Nacht wurde. Oder Kartoffeln ernten oder sonst im Stall oder auf dem Feld helfen."

Artur hält in seinen Altersjahren – vielleicht ein wenig verklärend – fest: „Die Erinnerungen an meine Kindheit sind sehr schön: Meine Eltern waren einander verbunden, häufig auch liebevoll zueinander. Zwar war mein Vater manchmal meiner Mutter gegenüber aufbrausend, wenn er ein Ventil benötigte, aber sie war stark und konnte das gut ertragen. Es gab immer sehr viele Gäste bei uns, entsprechend hatte sie neben den acht Kindern sowie dem Laden und der Poststelle sehr viel zu tun. Für den Haushalt hatten wir eine Hilfe, aber meine Mutter kochte gerne und gut. Am Sonntagmorgen nach der Kirche versammelte sich normalerweise die ganze Familie am Küchentisch. Es gab Kranzbrot und Spiegeleier. Sehr wichtig waren die religiösen Feste wie Weihnachten und Ostern." Aber auch der von Natur aus optimistische Artur weiß zu berichten: „Gemeinsame Unternehmungen in der Freizeit gab es kaum, es stand immer die Arbeit im Vordergrund."

Keine von Armut und Lieblosigkeit gezeichnete Jugend, wie sie in den Romanen von Charles Dickens geschildert wird, verlebt Artur Schwörer. Niemand musste hungern, und die Härte des Vaters wird durch den großen Respekt abgemildert, den er bei den Kindern genießt. „Hannes, Richard und ich schliefen in einem Zimmer. Dieses war im Winter eiskalt, und nur an besonders frostigen Tagen wurde der Holzkohleofen angefeuert." Und doch, „ich war glücklich in meinem Dorf: in dieser rauen Gegend mit den zähen, fleißigen Menschen, es war meine Welt."

„In diesem Umfeld", so wird die Witwe Christl Schwörer später resümieren, „mit einem zwar blinden, aber sehr starken und energiegeladenen Unternehmervater, einer sehr liebevollen, musischen Mutter und mit sechs älteren Geschwistern – vor allem die Schwestern sorgten sehr für Artur – ist er aufgewachsen. Und wenn er nicht gerade – wie es gang und gäbe war – mithelfen musste im großen Haushalt der Schwörer-Familie, dann hatte er viel Freiheit, viel Platz, Zeit zum Träumen, zum Musizieren – Akkordeonspielen war ein großes Hobby von ihm – und vor allem aber zum Schreinern.“

Artur hat diese geborgene Welt im Grunde – allen späteren großen und kleinen Reisen oder der weltweiten Ausdehnung seiner unternehmerischen Aktivitäten zum Trotz – nie verlassen. Er bleibt sein Leben lang ein Kind der Schwäbischen Alb. Der Vater, sein Fleiß, sein zäher Durchsetzungswille sind ihm ein Vorbild, die Familie ist ein von allen Zweifeln der Moderne nicht zu erschütterndes Ideal. Auch dann, als er sich von den Oberstetter Brüdern löst und seinen eigenen Weg als Unternehmer wählt,

Arturs ganzer Stolz: das Motorrädle, Bruder Heinz als Passagier mit an Bord

bleibt die Familie ein entscheidendes Fundament seiner Existenz. Den Bruch mit den älteren Brüdern lässt er nicht zu dramatischen öffentlichen Konflikten eskalieren, dazu ist sein Familiensinn und das Erbe der klugen und sanften Mutter zu stark. Er geht einfach weg, verlässt sein gesichertes materielles Leben und wählt konsequent eine Zukunft, die voller Risiken ist. Vielleicht ist es im geschäftlichen Handeln so wie beim Auto- und Skifahren oder Segeln: Artur liebt die Herausforderung und seine persönliche Unabhängigkeit. Zur Oberstetter Familie hält er nach seinem Weggang Distanz, spottet gern ein wenig über die politischen Allgemeinplätze, mit denen der Bruder Hermann seine Bonner Karriere begleitet, oder ärgert sich über den Egoismus und die in Auseinandersetzungen hervortretende menschliche Kälte von Bruder Hannes. Aber Artur, seine Frau Christl und ihre Kinder erscheinen zu größeren Familienfesten oder Jubiläen in Oberstetten. Sie wahren die Form, bleiben bei aller Distanz doch mit den Oberstettern verbunden. Die Schwestern liebt Artur ohnehin, und er steht ihnen als Helfer und Tröster bei, wenn in ihren Jugendjahren Liebeskummer oder später Tragödien ihr Leben überschattet haben.

Artur (links) und Bruder Heinz
auf der Schwäbischen Alb,
Anfang der 1940er-Jahre

Die Geschwister Schwörer: Artur, Richard, Hedwig, Hannes, Irmgard, Heinz, Hermann (v. l. n. r.)

Der Schwörer-Clan

„Wenn ich mich an meine Brüder erinnere, dann vorwiegend an besondere Vorkommnisse, schließlich waren sie acht bis elf Jahre älter als ich.“ In diesem autobiografischen Satz spiegelt sich die besondere und für die späteren Jahre nicht unwichtige Familienkonstellation im Hause Schwörer wider. An die Stelle des starken und fordernden Vaters treten bald die älteren und bestimmenden Brüder. Alle Schwörer-Söhne sind überdurchschnittlich begabt. Ihre ganz auf die Arbeit und den Erfolg ausgerichtete Lebenswelt trägt entscheidend dazu bei, dass sie im dörflichen Oberstetten auf den Fundamenten des vom Vater Mitte der Zwanzigerjahre gegründeten Baustoffhandels nach dem Zweiten Weltkrieg ein bedeutendes mittelständisches Unternehmen aufbauen: Schwörer-Fertighäuser werden ab den Sechzigerjahren zu einem Begriff in Deutschland. Der Anteil Arturs an diesem Firmenaufstieg wird nicht im kaufmännischen Bereich liegen. Sein großes organisatorisches und technologisches Talent, das bereits in jungen Jahren deutlich hervortritt, wird mitentscheidend für den Erfolg des Schwörer-Betriebes. Die Idee des Fertighauses aus Holz und seine „architektonische" Entwicklung basieren auf Ideen und Vorschlägen Arturs. Die beiden älteren Brüder bestimmen die Geschäftspolitik und nutzen die ungewöhnlichen Talente des Jüngeren. Aber er bleibt der „Kleine", der „Befehlsempfänger", dem Einblicke in die geschäftlichen Entwicklungen des Unternehmens nicht gewährt werden. Es wird der Tag kommen, da nimmt er das nicht mehr hin, befreit sich vom Oberstetter Familienclan, will sein eigener Herr sein, folgt den eigenen Visionen.

Hermann Schwörer
als CDU-Abgeordneter
mit Kurt Georg Kiesinger,
Ministerpräsident von
Baden-Württemberg
und späterer Bundeskanzler

Die Schwörer-Söhne sind auf ihre Weise lebenskräftig und lebenszugewandt. Hermann Schwörer, der 1922 geborene Älteste, ist nach den Worten seines jüngsten Bruders Heinrich „gut aussehend, selbstbewusst, lebenstüchtig und überdurchschnittlich begabt". Seine Lehrer und der Ortspfarrer bedrängen die Eltern, ihn auf eine höhere Schule zu schicken. Der Vater sträubt sich lange, bevor er zustimmt. Hermann besucht das Martinushaus in Rottenburg und geht dann ins Konvikt nach Ehingen. Die katholische Herkunft und Erziehung prägen ihn. Im Konvikt macht er 1940 sein Abitur. Anschließend ist er vier Jahre Soldat. Bereits 1950 beendet er sein Jurastudium in Tübingen. Nach der Referendarzeit promoviert er. Hermann, der konservative Katholik, ist ein Überflieger: Klassenbester, glänzender Student, erfolgreicher Doktorand. Er will in den diplomatischen Dienst, und nach dem erfolgreichen Abschluss an der Diplomatenschule in Speyer wird er an die deutsche Botschaft in Paris versetzt. Über die Junge Union findet er schon früh den Weg in die aktive Politik. Ein zweigleisiges Leben: Mitbegründer und zeitweise Mitgeschäftsführer der 1950 in Sigmaringen gegründeten Hans Schwörer Baustoffwaren KG und später leitend für die Schwörer Haus GmbH tätig, tritt er 1951 in die CDU ein und kommt 1958 als Nachrücker in den Bundestag, dem er bis 1994 angehört. Von 1970 bis 1979 ist er gleichzeitig Abgeordneter des Europäischen Parlaments. Ein überzeugter Unternehmer und konservativer Politiker bleibt Hermann bis ins hohe Alter. Den Ritualen der Bonner Politwelt folgt er ohne allzu große Selbstzweifel. Hermann weiß über die Politik manches Geschäft zu knüpfen, und sein eloquentes Auftreten und Verhandlungsgeschick bilden eine geschäftsfördernde Ergänzung zum Bruder Hannes, der zwar ein glänzender Kaufmann ist, aber häufig seine Geschäftspartner oder Mitarbeiter durch harsche Auftritte und Forderungen verletzt.

Nur am Rande sei angemerkt, dass die Familie auch in der vorangegangenen Generation einen aktiven Politiker aufzuweisen hat. Im nicht allzu fernen Baden-Baden lebt Hermann Fecht. Er ist ein Onkel mütterlicherseits. 1919 wird er Reichsbevollmächtigter Badens in Berlin und ist von 1931 bis 1933 Leiter der badischen Vertretung in Berlin. Ein Angebot Hitlers, den Posten eines Staatssekretärs zu übernehmen, soll er „aus Gewissensgründen" abgelehnt haben. Die nationalsozialistischen Behörden versetzen ihn in den Ruhestand. 1948 wird Fecht im Kabinett Leo Wohleb badischer Justizminister und Mitglied des Parlamentarischen Rates. Von 1947 bis 1952 ist er für die CDU Abgeordneter im badischen Landtag. Ein prominentes Familienmitglied ist er, und die Schwö-

Besuch der drei Geschwister bei Onkel und Tante Fecht in Baden-Baden (Hedwig, Richard, Hermann Fecht, Artur und Hilde Fecht)

Hannes im Behelfslieferwagen der Firma Schwörer

rer-Kinder besuchen den Onkel häufig. Er wird die Brüder schon in ihren jungen Jahren als politischer Kopf beeindruckt haben.

Hans Schwörer (in der Familie wird er Hannes genannt), geboren 1923, bleibt von Kindheit an dem vom Vater gegründeten Baustoffhandel tief verbunden. Sein Weg vom Kaufmann zum Unternehmer ist begleitet von einem besonderen Arbeitsethos. Er fordert von sich, aber auch von seinen Geschwistern und Mitarbeitern als Chef einen nahezu hundertprozentigen Einsatz für den eigenen Betrieb und verfolgt später auch gegenüber den jüngeren Geschwistern ziemlich rücksichtslos seine kaufmännischen Ziele. Bewundernswert, dass Hannes nach einem siebenjährigen Volksschulbesuch und keiner weiteren schulischen oder universitären Ausbildung nach dem Krieg zum Motor der Sigmaringer Schwörer-Unternehmungen werden wird. Die Strenge des Vaters hat er vielleicht stärker verspürt als die Brüder, was seine Härte und Unerbittlichkeit gegenüber den Geschwistern und den Mitarbeitern möglicherweise ein wenig erklärt. „Schon während der Schulzeit musste ich zu Hause hart mitarbeiten. Nach der Schule wurde ich als Arbeitskraft unbedingt gebraucht, und ich musste deshalb (mithilfe der Mutter) ein ganzes Jahr lang kämpfen, bis der Vater mir endlich die Erlaubnis gab, eine kaufmännische Lehre machen zu dürfen. Also lernte ich Kaufmann, und zwar weitgehend bei mir selbst.“ Hannes wird wie sein älterer Bruder Soldat und als schwer kranker Mann Ende 1944 wegen „dauernder Dienstunfähigkeit" aus der Wehrmacht entlassen. In den kommenden Jahrzehnten wird die Krankheit – ein Gelenkrheumatismus, der zu Herzbeschwerden führt – zwei Herzoperationen erforderlich machen und ihn immer wieder zu langen Klinikaufenthalten zwingen. Vielleicht ist es auch die Last der Krankheit, die ihn oft hart und herrisch auf seine Umwelt reagieren lässt. Er spielt gelegentlich mit seiner Herzschwäche: Hannes muss geschont werden, heißt es rasch, wenn es zu heftigeren familiären Auseinandersetzungen kommt.

Aber schon in den Besatzungsjahren erweist er sich als findiger Helfer und bald als kaufmännischer Inspirator des väterlichen Betriebes. Ausbau und Erweiterung, die Neugründung einer Kommanditgesellschaft (die Hannes als Komplementär leitet) am 1. Januar 1950 in Sigmaringen – das muss teilweise gegen den heftigen Widerstand des Vaters durchgesetzt werden. Dieser begleitet die Unternehmungen seiner älteren Söhne mit Misstrauen. Im Baustoffhandel ist die Konkurrenz vor Ort nicht groß. Gleichwohl sind es harte Kämpfe bis zur Erlangung eines Gewerbescheines und zum Kauf eines geeigneten Grundstückes. „Den Baustoffhandel verstand ich von Anfang an als Zwischenstation", schreibt Hannes Schwörer später, „meine Vision war die Produktion."

Die drei älteren Brüder:
Hannes, Richard und Hermann

Seine Visionen sind Wirklichkeit geworden. Ein Bimssteinwerk und eine Bimsverladeanlage im rheinländischen Weißenthurm (die der Bruder Richard Schwörer leitet) werden 1959 gegründet. Später folgen ein Bimssteinwerk in Beihingen und 1960 ein Betonwerk in Schömberg. Schon 1954 entsteht ein Werk in Veringenstadt, das Schwerbetonsteine, Montagedecken und Spannbetonträger produziert. Dort wird der junge Artur Schwörer als Werksleiter bald sein Organisationstalent und seine große technische Begabung unter Beweis stellen. Auf intensives Drängen von Vater Johannes Schwörer haben die Söhne 1965 in Oberstetten bereits mit der Produktion von Schilfrohrdecken begonnen, der dann die Produktion des Schwörer-Fertighauses folgte. Heute zählt die Schwörer Haus KG zu den größten Fertighausherstellern Deutschlands. Sie ist ein Familienbetrieb geblieben, inzwischen geleitet von einem weiteren Johannes Schwörer, dem jüngsten Sohn von Richard, dem drittältesten der Brüder.

Der junge Hannes Schwörer, Anfang der 1950er-Jahre

Die familiäre Kehrseite: Von den Geschwistern fordert Hannes Schwörer den vollen Einsatz für das wachsende Unternehmen. Selbstbestimmung bleibt mit Blick auf die Geschwister für ihn ein Fremdwort. Als der jüngste Sohn Heinz Abitur gemacht hat, bestimmt Hannes, dass er Chemie studieren soll, da er in diesem Fach im Abiturzeugnis eine sehr gute Benotung erhalten habe. Einen Chemiker könne man zudem für die Baustoffproduktion gut gebrauchen. Was der Bruder selbst für Wünsche hegt, danach fragen die beiden Ältesten nicht. Als Heinrich nach einem Semester Chemie lustlos aufgibt und ihm ein Architekturstudium versagt wird, beginnt er ein Jurastudium in Tübingen. Er ist ebenfalls ein begabter Organisator und leitet den Oberstetter Fertighausbetrieb während eines längeren Krankenhaus- und Kuraufenthaltes von Hannes. Artur hat zu diesem Zeitpunkt bereits die Oberstetter Familie verlassen. Als Hannes nach seiner Genesung wieder die Leitung übernimmt, betraut er Heinrich, der seine Aufgaben überaus erfolgreich gelöst hat, zu dessen tiefer Enttäuschung mit untergeordneten Aufgaben. Daraufhin zieht sich der Brüskierte nach drei Jahren aus dem Unternehmen zurück und wird als Rechtsanwalt tätig. Der Bruch bleibt eine lebenslange Wunde.

Hannes ist auch in der Familie der egomanische, autoritäre Chef. Als Artur heiratet, ist es die einzige Sorge des großen Bruders, dass der Jüngere damit möglicherweise von seiner Arbeit abgelenkt wird. Ein schwieriger Mann. Wie Hermann wird auch Hannes Schwörer erst mit fast 70 Jahren heiraten und kinderlos bleiben.

Hermann, Hans und Richard Schwörer bestimmen in der Großfamilie über viele Jahre hinweg den Weg der Geschwister. Heinrich, der Jüngste, hängt mit großer Liebe an Artur, der für ihn

Die drei älteren Schwestern: Hilda, Irmgard und Hedwig

ein „großer Freund" ist. Er verehrt und bewundert ihn. Segeln und Jagen – Heinrich weiß noch Jahrzehnte später schwärmerisch von den gemeinsamen, von Artur bestimmten Unternehmen der beiden jüngeren Schwörer-Brüder zu erzählen.

Die drei Schwestern spielen im konservativen Weltbild der Schwörers mit Blick auf Ausbildung und Beruf nur eine untergeordnete Rolle. Sie werden von den Brüdern unterstützt, wenn es notwendig ist. Hedwig, deren Mann bei einem Flugzeugunglück ums Leben kommt, übernimmt später die Oberstetter Poststelle der Mutter. Hilda arbeitet in der Sigmaringer Firma. Ihr Leben ist geprägt durch immer wieder auftretende manisch-depressive Anfälle und lange Aufenthalte in psychiatrischen Kliniken. Irmgard, 1930 geboren, ist Arturs Lieblingsschwester. Sie unternehmen als Kinder und Jugendliche viele gemeinsame Fahrradtouren. Beide haben große Freude an klassischer Musik, seltenen Pflanzen und Steinen, die sie bei ihren Fahrten über die Schwäbische Alb entdecken. Auch Irmgard ist ein musischer Mensch, und sie sitzt still und berührt häufig dabei, wenn Artur Klavier spielt. Sie besucht eine Hauswirtschaftsschule, hilft anschließend der Mutter auf der Poststelle im kleinen Oberstetter Laden und arbeitet für ein überaus geringes Salär jahrelang bei ihren Brüdern in deren Büro in Reutlingen. Nach ihrer Heirat wird sie ins rheinländische Leichlingen ziehen und dort mit ihrem Mann und ihren Kindern leben.

Kindheit im Krieg

Artur Schwörer hält später in seinen autobiografischen Notizen fest: „Meine Erinnerungen an den Krieg sind sehr lebhaft. Schließlich war ich auch ‚Pimpf im Jungvolk'. Ich musste mitmarschieren und entsprechende Lieder singen. Das Soldatenspiel in den Wacholderheiden war nicht meine Sache, denn ich war damals nicht besonders sportlich." Dagegen liebt er – die spätere Ehefrau erzählt davon – das Akkordeon „und spielte jeden zweiten Samstag mit zwei Freunden zum Tanz auf. Auch Klavier beherrschte ich ein bisschen. Als in Oberstetten der Pfarrer und der Lehrer mit dem Organisten unzufrieden waren, hat mich der Pfarrer in die Kirche mitgenommen. So wurde ich Organist und blieb es zehn Jahre lang."

Vielleicht wichtiger: Früh schon entdeckt er seine große Liebe zur Schreinerei. In einem ehemaligen Zementlager neben dem Oberstetter Elternhaus richtet er sich eine kleine Werkstatt ein, „und da ich in der Schule wenig ausgelastet war, verbrachte ich dort jede freie Minute." Im Dorf lebt in den Kriegsjahren ein Kunstschreiner aus München, der sich vor den zunehmenden Fliegerangriffen auf die Isar-Metropole auf die Schwäbische Alb zurückgezogen hat. „Er schaute fast jeden Tag bei mir herein und brachte mir einiges an Schreinerkunst bei." Bereits in diesen frühen Lebensjahren zeigt sich Arturs großes handwerkliches Geschick, das er in den vielen Werkstattstunden der nächsten Jahre weiterentwickelt. Aus der Bastelleidenschaft des Kindes schält sich ein handwerklicher Alleskönner heraus, dessen technisches Knowhow dann in den Schwörer-Betrieben segensreich wirken und seinen Höhepunkt in den PERI-Jahren erleben wird.

Der Krieg hinterlässt auch in Oberstetten seine Spuren. „In einem Dorf mit 600 Einwohnern kannte man jede Familie, die das Schicksal tragen musste, dass einer ihrer Söhne im Kriege gefallen ist. Besonders tragisch war es, als in einer Familie nacheinander drei der vier Söhne fielen. Häufig stand ich mit meinem Vater am Sonntag nach der Kirche am Kriegerdenkmal, und hinter uns spielte die Blaskapelle ‚Ich hatte einen Kameraden'. Mein Vater war jedes Mal sehr ergriffen, auch drei seiner Söhne waren ja in den Krieg gezogen. Ich spürte das und habe entsprechend mitgefühlt." Hunger muss die Schwörer-Familie nicht leiden. Doch auch wenn die Versorgungslage in den Kriegsjahren in Deutschland generell nicht das dramatische Ausmaß des „Steckrübenwinters" im Ersten Weltkrieg erreicht, kommen aus dem nahen Reutlingen im Herbst viele Städter in die Oberstetter Gegend, um die nach der Ernte liegen gebliebenen Kartoffeln aufzusammeln. Artur erzählt, dass die Mutter manchem Not leidenden Reutlinger, der durch den Ort kam, Essbares zusteckte. „Hannes, der ab 1943 zu Hause war, organisierte außerdem immer wieder einmal ein geschlachtetes Schwein im Tausch gegen Zement oder andere Baustoffe."

Im Mai 1945 werden auch in Oberstetten die weißen Fahnen aus dem Fenster gehängt. Der 12-jährige Artur erlebt den Einmarsch der französischen Armee, zu deren Besatzungszone auch die Schwäbische Alb gehört. Wie fast überall beginnen hier für die Menschen im befreiten, aber auch zerstörten Land abenteuerliche Zeiten. Panzer fahren auf, die schwarzen Soldaten aus den nordafrikanischen Kolonialgebieten beeindrucken das Kind. Es wird geplündert und die Bevölkerung aufgefordert, Autos, Fahr- und

Kriegszeiten in Oberstetten

Motorräder oder Radios abzuliefern. Erstmals bewährt sich Arturs handwerkliches Geschick. Er baut mithilfe des den Schwörers in den Kriegsjahren zugewiesenen französischen Fremdarbeiters „Fritz“ Verstecke, um Waren und sonstigen Besitz der Familie vor dem Zugriff der Besatzer und der Plünderer zu schützen. „Wir zogen doppelte Wände und eine zweite Decke ein. Auch wurde die Montagegrube in der Garage zubetoniert und ein Keller zugemauert. Zuvor schon hatten wir unseren Mercedes 170 V so demontiert, dass er nicht mehr fahrtüchtig war. Räder weg, Anlasser raus, Batterien im Kompost versteckt.“ Die Schwester Hedwig spricht ein wenig Französisch, und der kleine Laden der Mutter wird rasch zu einem beliebten Treffpunkt der Besatzungssoldaten.

Eine schicksalhafte Krankheit

Im Winter 1945 sind alle Söhne wieder zu Hause. Hannes kommt nach seiner aus Gesundheitsgründen erfolgten Entlassung aus der Wehrmacht schon vor Kriegsende wieder nach Oberstetten. Hermann wird im November 1945 aus britischer Gefangenschaft entlassen. Richard, der als 19-Jähriger im letzten Kriegsjahr an die Westfront musste, durchleidet als Kriegsgefangener in einem Lager bei Andernach schreckliche Hungermonate und kehrt nach seiner Entlassung zu Fuß zurück in die Oberstetter Heimat.

Aber das Wichtigste ist: Keiner der Brüder ist gefallen, und das Schicksal meint es auch in den harten ersten Nachkriegsjahren gut mit dem Familienclan. Es wird ein Auto „organisiert", das von der deutschen Wehrmacht am Straßenrand zurückgelassen worden war. „Richard sorgte dafür, dass es wieder fahrtüchtig wurde", schreibt Artur später, „und ließ es mit einem Holzkessel ausrüsten. Meine Aufgabe war es, den Holzkessel zu reinigen und auszuspritzen, wenn meine Brüder am Abend nach Hause kamen, sowie fast täglich Reifenreparaturen auszuführen. Dabei entwickelte ich mich schnell zum Spezialisten: Es gab damals ja kein Flickzeug, und so habe ich aus alten Schläuchen Stücke ausgeschnitten und sie mit einer Kochplatte – eingespannt in die Hobelbank – vulkanisiert." In Stuttgart besorgen die Brüder zwei ausrangierte Lastwagen. „Der erste war ein 12-Zylinder-Maybach-Benzinmotor. Da man Benzin schlecht beschaffen konnte, wurde auch diesem Fahrzeug ein Holzgaskessel aufgesattelt, den ich ebenfalls jeden Abend reinigte. Der zweite Lkw war ein 1,5-Tonner Mercedes, ein Diesel, der ebenso eine Pritsche bekam sowie zusätzlich einen Anhänger. So war die Baustoffhandlung zunächst mit Fahrzeugen ausgestattet – der Anfang war gemacht."

Zeitgleich mit dem Neubeginn der Oberstetter Schwörers trifft Artur ein folgenreicher Schicksalsschlag. In seinen Notizen hält der 70-Jährige diesen dramatischen Lebensabschnitt fest:

„Meine schwere Krankheit, die sich auf mein ganzes späteres Leben auswirkte, begann eigentlich ganz harmlos. Im Herbst 1946, ich war 13 Jahre alt, aß ich unreife Äpfel von den Straßenbäumen. Ich bekam Bauchschmerzen, was zunächst nicht schlimm aussah. Trotzdem ließen wir einen Arzt kommen, der auf Blinddarmentzündung tippte. Ich musste ins Krankenhaus. Da die chirurgische Klinik in Tübingen von den Franzosen beschlagnahmt worden war, wurde ich dort in die Augenklinik eingeliefert – also rauf auf den Berg. Dort wurde ich untersucht und zur Operation in die Frauenklinik gefahren – wieder runter vom Berg. Doch leider standen dort schon mehrere Liegen mit Patienten vor dem OP.

Ich musste warten. Nach zwei Stunden waren meine Schmerzen plötzlich verschwunden: Mein Blinddarm war geplatzt. Nachdem ich aus der schrecklichen Äthernarkose aufgewacht war, erblickte ich zwei Schläuche, die aus meinem Bauch kamen und aus denen Eiter lief. Ich hatte eine kräftige Bauchfellentzündung. Für Deutsche gab es damals noch kein Penicillin, während die Amerikaner es schon hatten. Ich kam zurück in die Augenklinik, in einen großen Saal mit etwa 30 Betten. Bei meinem Bettnachbarn steckte ich mich daraufhin mit Diphtherie an und wurde in die Isolierstation der Kinderklinik verlegt. Erst sechs Wochen später waren Bauchfellentzündung und Diphtherie geheilt. Ich durfte endlich nach Hause."

Der Leidensweg ist mit der Rückkehr aber keineswegs zu Ende. Die Diphtherie hat eine schwere Mittelohrentzündung auf der linken Seite verursacht. Wieder ist ein langwieriger Klinikaufenthalt notwendig. Täglich wird der Eiter aus dem Ohr entfernt. „Nach etwa vier Wochen – ich war gerade auf dem Rückweg von der Ambulanz in mein Zimmer – wurde ich auf dem Flur bewusstlos und fiel einfach um. Diagnose: Gehirnhautentzündung." Sie führt zu Lähmungen an der Halswirbelsäule und zu einer Versteifung der Knie. „In letzter Minute hat mich dann der schon sehr alte, frühere Chef der HNO operiert und mir das ganze linke Innenohr entfernt. Dabei verletzte er den Fazialisnerv. Das Ergebnis war, dass ich nach der Operation eine schwere Gesichtslähmung hatte. Meine Schwester Hedwig erzählte später, dass sie eigentlich weinen wollte, als sie mich besuchte: wie ich so dalag mit meinem schrägen Mund, während ich ihrer Meinung nach vorher ein schöner Junge gewesen war."

Alle medizinischen Versuche, den zerstörten Nerv wiederzubeleben, scheitern. Elektroschocks lösen lediglich Kopfschmerzen aus. Vor allem der Verlust der Hörfähigkeit auf dem linken Ohr – durch die radikale Operation verursacht – wird zur lebensprägenden Behinderung. „Dieses Handicap, nur auf einer Seite zu hören, hat mich in meinem ganzen weiteren Leben sehr beeinträchtigt und mein soziales Verhalten stark verändert. Während ich vorher schon eher ein Einzelgänger war, habe ich mich fortan in größeren Gruppen überhaupt nicht mehr wohlgefühlt und mich nie gerne darin aufgehalten. Später war es bei Empfängen und ähnlichen Gelegenheiten oft unangenehm, dass diejenigen, die links von mir standen, keine Unterhaltung mit mir führen konnten." Und doch ist Artur Schwörer mit diesem Handicap in seinem weiteren Leben souverän umgegangen. Es hat ihn nicht zu einem Einsiedler werden lassen, sondern zu einem im Leben stehenden Familienoberhaupt, Unternehmer und Sportkameraden.

Baustoffhandel am elterlichen Haus

Während die älteren Brüder in den ersten Nachkriegsjahren versuchen, das Oberstetter Baustoffgeschäft am Laufen zu halten, um die Familie durch die harte, wenn auch für sie nicht katastrophale Zeit des Mangels zu bringen, geht der von seiner schweren Krankheit genesene Artur weiter in die Volksschule. Vorher, im Jahre 1944, war er für einige Monate zu Onkel und Tante Fecht nach Baden-Baden gezogen, um dort das Gymnasium zu besuchen. Als die Schule wegen der Kriegsereignisse geschlossen wurde, holte ihn der Vater wieder zurück nach Oberstetten. Die dortige Volksschule beendet Artur im März 1947, und nur zwei Noten im Abschlusszeugnis sind schlechter als „gut": Im Fach Turnen reicht es lediglich zu einem „befriedigend“ und in der Rubrik „Betragen“ ist „im Ganzen befriedigend“ zu lesen. In diesen Schuljahren hilft er im Geschäft, spaltet das Holz für die harten Winter, die auf der Schwäbischen Alb besonders frostig sind. Er flickt die Auto- und Fahrradreifen der Familie und der Nachbarn und arbeitet in seiner selbst eingerichteten Schreinerwerkstatt. Seine manuelle Geschicklichkeit lässt ihn für die Familie zu einem bald unverzichtbaren Helfer im Kleinen werden. Trotz der langen und dramatischen Krankheitsmonate ist er ein fröhliches und freundliches, den Eltern und Geschwistern zugewandtes Kind.

Wieder ist es ein Zufall, der seinem Leben eine entscheidende Richtung gibt. Carlo Schmid betritt das Grundstück der Schwörers. Damals ist er bereits ein bedeutender Politiker im deutschen Südwesten. Bis zur Gründung des Landes Baden-Württemberg im Jahre 1952 ist er Mitglied im Landtag von Württemberg-Hohenzollern und später Vizepräsident im Bundestag. Der Sozialdemokrat und Staatsrechtler wirkt viele Jahre als Hochschullehrer in Tübingen und dann in Frankfurt am Main. Er gehört zu den Mitgliedern des dreißigköpfigen Verfassungskonvents, der 1948 auf Herrenchiemsee über die Ausgestaltung des dann 1949 verabschiedeten Grundgesetzes berät. 1959 ist er SPD-Kandidat bei der Bundespräsidentenwahl, bei der der Nachfolger von Theodor Heuss gekürt wird, und unterliegt im zweiten Wahlgang Heinrich Lübke. Früher als Kurt Schumacher und die Mehrheit in seiner Partei wird sich Schmid für die Europa-Idee einsetzen. Der frankophile, hochgebildete Mann wirkt schon in den ersten Nachkriegsjahren auf vielfältige Weise im deutschen Südwesten und macht sich nicht zuletzt auch als Übersetzer der Werke von Baudelaire und Malraux einen Namen.

Es ist also eine bedeutende Persönlichkeit der Zeitgeschichte, die da überraschend und folgenreich im Leben des jungen Artur Schwörer auftaucht. Viele Jahrzehnte später hält er in seinen autobiografischen Notizen fest: „Zusammen mit seinem Sekretär Donndorf trat Carlo Schmid an einem Sonntagnachmittag in die Poststelle meiner Mutter und wollte nach Tübingen telefonieren. Meine Mutter kurbelte immer wieder, um eine Verbindung herzustellen, aber in Tübingen meldete sich niemand. Wie üblich lud meine Mutter die Gäste dann zum Essen ein, und dabei stellte sich heraus, dass das Auto von Carlo Schmid 2 Kilometer vor Oberstetten nur eine Reifenpanne hatte. Für uns kein Problem: Wir holten schnell den Reifen, und ich machte mich an die Arbeit – ich war ja der Spezialist fürs Schläucheflicken. Als Carlo Schmid davon hörte, kam er zu mir in die Werkstatt und sah mir begeistert zu, wie ich ein entsprechendes Schlauchstück mithilfe von Kochplatte und Hobelbank vulkanisierte und den Reifen reparierte. Als er sich in meiner Werkstatt umsah, fiel ihm eine meiner Schreinerarbeiten auf, ein Schreibtisch aus Eichenholz mit massiver Platte. Ich hatte ihn komplett von Hand hergestellt, gehobelt, geleimt und geschliffen. Als wir zurück in unserem Wohnzimmer waren, fragte mein Vater Carlo Schmid: ‚Der Bub braucht eine gute Lehrstelle, können Sie ihm dabei helfen?' Schmid versprach, mir die beste Lehrstelle, die es in Süddeutschland gibt, zu besorgen. Und er hielt Wort."

Lehrling in einem Möbelparadies

Wendlingen am Neckar liegt 20 Kilometer vor den Toren Stuttgarts, und es entsteht in seiner heutigen kommunalen Verfassung 1939 durch die Zusammenlegung dreier Gemeinden. Als der 15-jährige Artur Schwörer dort am 1. Dezember 1948 seine Lehre als Möbelschreiner beginnt, leben etwa 6500 Menschen (heute 16000) in dem Ort. Bald wird die Kleinstadt zu einem Zentrum der Heimatvertriebenen aus dem Egerland, die dort ein neues Zuhause finden. Die Möbelfabrik Behr hat durch die besondere Qualität ihrer Produkte einen guten Namen. Zum Zeitpunkt des Eintritts von Artur beschäftigt sie bereits wieder 30 Lehrlinge. Ein für die Möbelbranche bedeutendes Unternehmen wird nun für die kommenden zwei Jahre zum Lebensmittelpunkt für Artur. Erwin Behr hat die Fabrik 1912 im Alter von 56 Jahren gegründet. Bald kommt ein Einrichtungshaus hinzu, das der Produktpräsentation, der Beratung der Kunden und dem Verkauf dienen soll. 1921 präsentiert Erwin Behr die erste große Designerinnovation seines Unternehmens. Der Fabrikbesitzer ist ein ehrgeiziger Mann. Er lässt sein Anbau- und Aufbaumöbelprogramm von dem später sehr bekannten Wiener Architekten und Möbeldesigner Franz Schuster entwerfen. Als dieser für Erwin Behr ein Möbelprogramm zeichnet, arbeitet er gleichzeitig als junger Architekt an der Erweiterung der berühmten, vor den Toren Dresdens gelegenen Gartenstadt Hellerau mit, wo er sich 1922 als selbstständiger Architekt niederlässt. Später wird der zeitlebens als sozial engagierter Architekt bauende Schuster große Wohnsiedlungen in Wien und Frankfurt am

Möbelfabrik Behr sowie ein mit Behr-Möbeln eingerichtetes Wohnzimmer in den 1950er-Jahren

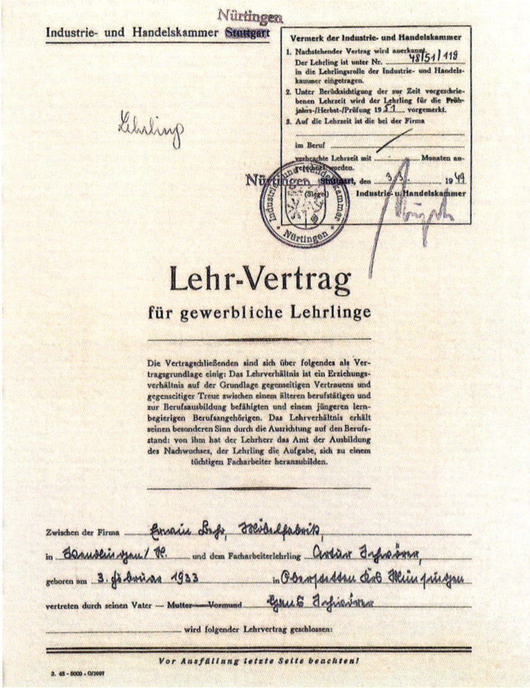

Nürtingen

Industrie- und Handelskammer ~~Stuttgart~~

Vermerk der Industrie- und Handelskammer

1. Nachstehender Vertrag wird anerkannt. Der Lehrling ist unter Nr. 48/51/119 in die Lehrlingsrolle der Industrie- und Handelskammer eingetragen.
2. Unter Berücksichtigung der zur Zeit vorgeschriebenen Lehrzeit wird der Lehrling für die Frühjahrs-/Herbst-/Prüfung 1951 vorgemerkt.
3. Auf die Lehrzeit ist die bei der Firma ______ im Beruf ______ verbrachte Lehrzeit mit ______ Monaten angerechnet worden.

Nürtingen ~~Stuttgart~~, den 3.3. 1949

(Siegel) Industrie- u. Handelskammer

Industrie- und Handelskammer Nürtingen

Lehr-Vertrag

für gewerbliche Lehrlinge

Die Vertragschließenden sind sich über folgendes als Vertragsgrundlage einig: Das Lehrverhältnis ist ein Erziehungsverhältnis auf der Grundlage gegenseitigen Vertrauens und gegenseitiger Treue zwischen einem älteren berufstätigen und zur Berufsausbildung befähigten und einem jüngeren lernbegierigen Berufsangehörigen. Das Lehrverhältnis erhält seinen besonderen Sinn durch die Ausrichtung auf den Berufsstand: von ihm hat der Lehrherr das Amt der Ausbildung des Nachwuchses, der Lehrling die Aufgabe, sich zu einem tüchtigen Facharbeiter heranzubilden.

Zwischen der Firma ______

in ______ und dem Facharbeiterlehrling ______

geboren am 3. Februar 1933 in ______

vertreten durch seinen Vater — ~~Mutter — Vormund~~ ______

______ wird folgender Lehrvertrag geschlossen:

Vor Ausfüllung letzte Seite beachten!

3. 48 - 5000 - O/1007

Main (hier die bekannte Römersiedlung unter der Regie von Ernst May) mitplanen und errichten. Nach dem Anschluss Österreichs arbeitet Schuster auch für die Nationalsozialisten und entwirft ein gigantisches, nie verwirklichtes Wiener Parteiforum. Vorbild ist ihm dabei das Reichsparteitagsgelände von Nürnberg. Was seiner Nachkriegskarriere nicht geschadet hat. 1950 erhält er eine Professur an der Wiener Hochschule für angewandte Kunst, und seit 2003 heißt eine Straße im 22. Bezirk der Donaumetropole Franz-Schuster-Gasse. Die Modelle seiner Entwürfe für das Möbelprogramm der Firma Erwin Behr finden sich heute im Berliner Bauhaus-Museum.

Der Firmengeschichte lässt sich entnehmen, dass die Möbelfabrik Behr in den Jahren, als Artur Schwörer dort Lehrling ist, eine für die Möbelbranche bedeutende Erfindung gemacht hat: Sie entwickelt 1950 die Dreischicht-Spanplatte, die für die Möbelherstellung völlig neue Gestaltungsperspektiven eröffnet. Carlo Schmid hatte Artur Schwörer tatsächlich einen der besten Ausbildungsplätze für die Möbelschreinerei im deutschen Südwesten besorgt.

Und der Jüngling blamiert seinen Gönner und Vermittler nicht. Im Gegenteil, er erweist sich als gewissenhafter und begeisterter Lehrling. „Das Lehrjahr begann zwar offiziell am 1. April, aber ich kam erst acht Monate später dazu. Wegen meiner außerordentlichen Leistungen, auf die mein Abschlusszeugnis hinwies, wurden mir diese acht Monate geschenkt." Rasch findet er bei seinen Ausbildern Anerkennung. Schon im ersten Lehrjahr darf er den Maschinenkurs der Berufsgenossenschaft besuchen. Seine Mitlehrlinge werden erst im zweiten Lehrjahr auf diesen Kurs geschickt. Artur fühlt sich wohl in der Möbelfabrik Behr. „Wir hatten nicht nur eine perfekte Werkstatt mit guten Lehrmeistern, sondern auch allgemein bildenden Unterricht, zum Beispiel über die Geschichte der alten Kulturen im Zweistromland Euphrat und Tigris und in Ägypten. Fast jeden zweiten Morgen gab es Sport im Grünen." Die Bezahlung ist der Zeit angemessen: Im ersten Lehrjahr erhält der Lehrling Artur 25 DM, im zweiten 35 DM und im dritten 45 DM. Unterschrieben ist der Lehrvertrag vom Vater, und in ihm findet sich auch der bemerkenswerte Satz: „Der gesetzliche Vertreter Johannes Schwörer verpflichtet sich, den Lehrling zur Treue, Ehrbarkeit und Arbeitsamkeit anzuhalten."

Die Wendlinger Lehrwerkstatt ist für Artur ein Paradies. Noch Jahrzehnte später schwärmt er davon, dass sie „mit vielen Entwürfen von Möbeln aus den wunderbarsten Hölzern beauftragt wurde: Palisander, Makassar, Mahagoni, Rosenholz, Ahorn, Nussbaum usw. Davon bekam ich meist die schönsten und schwierigsten Entwürfe zugeteilt." Für das Schuljahr 1950/51 wird ihm ein Preis zuerkannt, und in der Urkunde heißt es im pathetischen Ton der politisch gerade überwundenen Zeit, er habe „durch gute Leistung und treue Pflichterfüllung und kameradschaftliches Verhalten einen Preis erworben und damit bewiesen, dass er die Gaben und den Willen hat, ein brauchbares Glied unseres Volkes zu werden".

Eine Lehrlingsarbeit Arturs

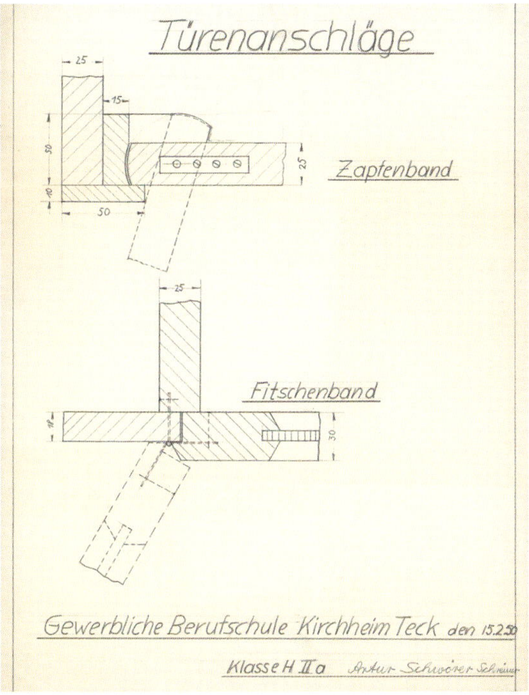

Die gewerbliche Berufsschule, die er während seiner Lehrzeit besucht, liegt in Kirchheim unter Teck. „Es kam vor, dass ich den Zug zurück nicht rechtzeitig erreichte, weil ich vor dem Musikladen stand und mir ein besseres Akkordeon als meines ansah. So musste ich manchmal, auch bei strömendem Regen, die 10 Kilometer nach Wendlingen zu Fuß gehen." Im Rückblick wird Artur Schwörer festhalten, dass diese Lehrjahre für ihn eine ausgefüllte Zeit gewesen sind. Er hat ein Zimmer bei der Familie Schiller, deren Haus direkt gegenüber vom Wendlinger Bahnhof liegt und deren Tochter – wie erwähnt – zur Freude Arturs Klavierlehrerin ist. Morgens fährt er die kurze Strecke zur Lehrwerkstatt mit dem Fahrrad. Die Tage sind lang, und Artur ist ein vielseitig interessierter und disziplinierter junger Mann. Die Arbeit beginnt um 6.45 Uhr. „In der Mittagspause war ich meist der Erste an der Kantinentheke, hatte innerhalb von 10 Minuten gegessen und schwang mich aufs Fahrrad. Ich fuhr nach Oberlenningen, um dort auf der Kirchenorgel zu üben, genau 45 Minuten lang. Dann ging es rasch wieder zur Lehrwerkstatt zurück. Abends holte ich häufig vor dem Essen Milch in Unterlenningen, und danach konnte ich noch ein wenig Klavier üben."

Er ist ein freundlicher Mitarbeiter, aber seine vielfältigen Interessen verhindern nach der Arbeitszeit engere Kontakte zu den Mitlehrlingen oder den jungen Gesellen. Später wird er schreiben, dass ihm das „als Einzelgänger auch nicht unangenehm" gewesen sei. An den Wochenenden fährt er ins Elternhaus, „wo ich sofort eingespannt wurde: Hof kehren, Auto waschen, Reifen flicken usw. Und am Sonntagnachmittag ging es wieder zurück nach Wendlingen".

Die ersten Schritte in die Berufswelt bieten ihm Einblicke, die über die Erlernung des Möbelschreinerberufs hinausgehen. „Während meiner Lehrzeit habe ich auch vieles mitbekommen, was außerhalb der Lehrlingswerkstatt passierte und mir wichtige Anstöße für meine spätere berufliche Laufbahn gab: beispielsweise wie Akkordarbeiter genau kalkulieren und ihre Leistung an die Vorgabezeit anpassen, damit sie nicht über 140 Prozent kommen. Ab dieser Höhe stutzte die Akkordschere den Verdienst. Interessant war auch die Phase, in der die Firma Behr mit der Produktion von Fernsehgehäusen begann. Dies war eine absolute Neuentwicklung und bedeutete einen starken Umbruch im Produktionsablauf. Und nicht zuletzt habe ich bei der Firma Behr die Anfänge der Entwicklung der Spanplatte erlebt."

Am 31. März 1951 verlässt Artur Schwörer die gewerbliche Berufsschule in Kirchheim unter Teck. Wie schon alle vorherigen Zwischenzeugnisse ist auch das Abschusszeugnis glänzend. Alle Fächer werden mit „sehr gut" benotet. Er hat sich in seiner Lehrzeit nicht nur als vorzüglicher Handwerker, sondern auch als intelligenter Schüler gezeigt, der die Fach- und Kostenrechnung nicht weniger gut beherrscht als die Werkstoff- und Werkzeugkunde oder die Staats- und Bürgerkunde. Seine Facharbeiterprüfung legt er bei der Industrie- und Handelskammer in Nürtingen ab. Die Prüfungsleistungen werden mit „gut“ (praktische Prüfung) und „sehr gut“ (theoretische Prüfung) benotet. Im Zeugnis, das ihm sein Lehrherr am 11. April 1951 überreicht, heißt es: „Artur Schwörer zeigte sich während seiner Lehrzeit als ein strebsamer und umsichtiger Arbeiter, der sehr bald große Selbstständigkeit an den Tag legte. Es konnten ihm auch schwierigere Aufträge überlassen werden. In den allgemeinbildenden Fächern, in denen ihm Unterricht erteilt wurde, zeigte er sich sehr interessiert und war sowohl für geistige Fragen als auch für Probleme des praktischen Lebens aufgeschlossen. Vorgesetzten gegenüber trat er anständig und selbstsicher auf, mit den anderen Lehrlingen stand er in einem guten kameradschaftlichen Verhältnis.“

1956 wird Artur die Firma Behr noch einmal besuchen, um dort für seine Abschlussarbeit zu recherchieren, mit der er sein Studium in Rosenheim beendet. Das Thema: „Wirtschaftlichkeitsvergleich zwischen der Produktion mit Einzelmaschinen bzw. der Produktion mit Alleskönnern“ (so nannte man damals die Doppelendprofiler).

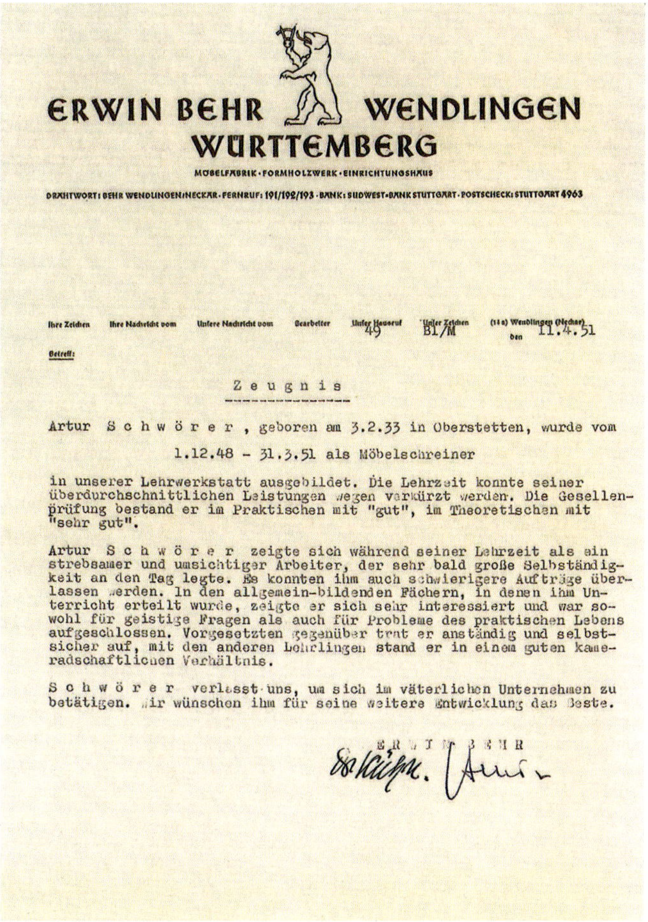

ERWIN BEHR WENDLINGEN WÜRTTEMBERG

MÖBELFABRIK · FORMHOLZWERK · EINRICHTUNGSHAUS

DRAHTWORT: BEHR WENDLINGEN/NECKAR · FERNRUF: 191/192/193 · BANK: SÜDWEST-BANK STUTTGART · POSTSCHECK: STUTTGART 4963

Ihre Zeichen | Ihre Nachricht vom | Unsere Nachricht vom | Bearbeiter | Unser Hausruf 49 | Unser Zeichen Bl/M | (14a) Wendlingen (Neckar) den 11.4.51

Betreff:

Zeugnis

Artur Schwörer, geboren am 3.2.33 in Oberstetten, wurde vom

1.12.48 - 31.3.51 als Möbelschreiner

in unserer Lehrwerkstatt ausgebildet. Die Lehrzeit konnte seiner überdurchschnittlichen Leistungen wegen verkürzt werden. Die Gesellenprüfung bestand er im Praktischen mit "gut", im Theoretischen mit "sehr gut".

Artur Schwörer zeigte sich während seiner Lehrzeit als ein strebsamer und umsichtiger Arbeiter, der sehr bald große Selbständigkeit an den Tag legte. Es konnten ihm auch schwierigere Aufträge überlassen werden. In den allgemein-bildenden Fächern, in denen ihm Unterricht erteilt wurde, zeigte er sich sehr interessiert und war sowohl für geistige Fragen als auch für Probleme des praktischen Lebens aufgeschlossen. Vorgesetzten gegenüber trat er anständig und selbstsicher auf, mit den anderen Lehrlingen stand er in einem guten kameradschaftlichen Verhältnis.

Schwörer verlässt uns, um sich im väterlichen Unternehmen zu betätigen. Wir wünschen ihm für seine weitere Entwicklung das Beste.

ERWIN BEHR

Artur Schwörer als Student
in Rosenheim am Inn

Holztechnikum in Rosenheim

Nach seiner Lehre wird Artur Schwörer für ein Jahr zurück nach Oberstetten gehen. Im benachbarten Sigmaringen hat die Familie einen Betrieb gegründet und errichtet dort ein neues Haus. Artur erledigt viele der anstehenden Schreinerarbeiten, entwirft und schreinert Möbel, baut sich ein Dachzimmer aus. Als der einzige Lkw-Fahrer des Familienbetriebes krank wird, springt er ein. „Mit 18 habe ich ohne jegliche Fahrstunde mit voll beladenem Lkw die Fahrprüfung gemacht. Der Fahrprüfer hat mich in Sigmaringen den Ochsenbuckel, also einen Berg, hinunterfahren lassen, und ich musste an dem steilen Berg zurückschalten. Nach wenigen Minuten Fahrprüfung sagte er: o.k., ist erledigt, du kannst fahren."

Der junge Mann scheint ein rasanter Lkw-Fahrer gewesen zu sein. Er berichtet von verlorenen Hohlblocksteinen, die während einer kurvenreichen Fahrt zur Baustelle unbemerkt auf die Straße fliegen, oder von einem Unfall, den er mit seinem vollgeladenen Lastwagen wegen Übermüdung im strömenden Regen hat. In einer Kurve stürzt der Lkw mit seinem Anhänger eine 10 Meter tiefe Steilböschung hinab und landet auf dem Kopf. Fahrer Artur entsteigt dem platt gedrückten Führerhaus wie durch ein Wunder nahezu unverletzt. Bei der Arbeit an einem Möbelstück dagegen hat er weniger Glück. Beim Ausräumen von verdeckten Schubkastenzinken mit einem 5 Millimeter schmalen Stecheisen verletzt er sich an der Bauchdecke. „Ich ging hinüber ins Elternhaus, der Arzt wurde geholt. Man sah kein Blut. Ich hatte das schmale Stecheisen im Reflex sofort wieder herausgezogen. Der Arzt meinte: ‚Wenn er spucken muss, dann soll er in die Klinik.'" Artur wird in Sigmaringen operiert. „Der Stich ging durch Leber und Magen, aber er hinterließ nach der Operation keine bleibenden Schäden." Das ist nicht der letzte schwere Unfall im Leben des Artur Schwörer.

Es sind immer noch schwierige Nachkriegszeiten. Der Neuanfang der Schwörer-Familie in Oberstetten und Sigmaringen fordert von allen Mitgliedern einen unermüdlichen Einsatz. Der Clan ringt zäh um jede Lkw-Fuhre, organisiert unter schwierigsten Umständen die Aufrechterhaltung und dann den Ausbau des Familienbetriebes. In Sigmaringen entsteht ein erfolgreiches und bald auch ertragreiches mittelständisches Unternehmen. Der Traum des Hannes Schwörer, vom Baustoffhandel in die Produktion umzusteigen, nimmt Formen an. Der 18-jährige Artur ist mit vollem Einsatz dabei. Noch nicht als eigenständiger Planer und Organisator, aber als Helfer für alle Probleme, die er mit seinem handwerklichen Können oder seinem immensen Engagement zu lösen in der Lage ist.

Schon während seiner Lehrzeit hat er sich zum Ingenieurstudium im bayerischen Rosenheim angemeldet. Wobei zunächst wieder einmal der väterliche Widerstand überwunden werden muss. „Er soll verkaufen", meint der alt gewordene Familienpatriarch, der alle seine Söhne im Familienbetrieb sehen will. Bruder

Hannes unterstützt Arturs Studienpläne mit der nicht gerade sensiblen, aber den Vater wohl überzeugenden Bemerkung: „Mit seinem schiefen Gesicht kann er doch nicht verkaufen!"

Das oberbayerische Rosenheim ist schon seit Jahrhunderten ein wichtiger Verkehrsknotenpunkt, der nicht nur die Städte München und Salzburg verbindet, sondern für den Reisenden durch die idyllische Bergwelt des Voralpenlandes auch das Tor zum Sehnsuchtsland der Nach-Goethe-Deutschen ist, zum idealisierten Italien. Als Artur Schwörer 1952 dort sein Studium aufnimmt, leben in Rosenheim rund 36 000 Menschen. Es gibt zwar nicht mehr neun Brauereien wie am Anfang des 20. Jahrhunderts, aber die Bauten der Gründerzeit und des Jugendstils prägen trotz der Kriegszerstörungen immer noch das Stadtbild.

Rosenheim ist ein wichtiger Standort für die Holzverarbeitung. Regionale Unternehmer gründen 1925 das „Holztechnikum Rosenheim", das 1943 als erste deutsche Fachschule für Holzindustrie und Holzhandel verstaatlicht wird und den Namen „Staatsbauschule Holztechnikum Rosenheim" erhält. In den frühen 1950er-Jahren erlebt die Schule einen bedeutenden Ausbau. Das Holzwirtschaftsstudium und das Fach Sägewerktechnik werden eingeführt. Eine erneute Namensänderung signalisiert die wissenschaftliche Bedeutung des Lehrinstituts. Es nennt sich jetzt „Staatliches Holztechnikum Rosenheim – Staatliche Ingenieurschule" und bietet seit Anfang 1953 ein sechssemestriges Ingenieurstudium an. Die heute für den Bereich Holztechnik weltbekannte Ingenieurschule gehört seit 1971 zur Fachhochschule Rosenheim.

Das Holztechnikum in Rosenheim in den 1950er-Jahren

„Im April 1952 begann ich mein Studium am Holztechnikum", hält Artur in seinen Notizen fest. „Im Studentenheim der Arbeiterwohlfahrt an der Ebersberger Straße wurde mir ein kleines, einfaches Zimmer mit ca. 10 Quadratmetern zusammen mit Ewald Aufrecht zugeteilt. Im Speisesaal gab es lediglich Frühstück. So lernte man nach und nach auch die Wirtschaften Rosenheims kennen.“ Studentenleben: neue Freundschaften, Bier- und Gesangsabende im „Club Holztechnik Rosenheim“, Wanderungen in den Bergen mit Übernachtungen in den clubeigenen Hütten, Badevergnügen im Simssee, Radtouren zur Kampenwand oder nach Berchtesgaden und zum Watzmann. „Der Autoverkehr auf den Straßen war ja noch ganz gering. So konnte man zum Beispiel ohne Probleme über die Queralpenstraße mit dem Fahrrad fahren. Ebenso die Straße am Inn entlang bis Innsbruck. 120 Kilometer waren für uns ein Trip von 6 Stunden, also kein Problem. Rosenheim hat besonders im Sommer viel geboten.“ Von erotischen Abenteuern ist in den autobiografischen Aufzeichnungen Artur Schwörers nichts zu finden. Es tauchen lediglich Namen von männlichen Mitstudenten auf, mit denen er Ausflüge unternimmt und gesellige Abende verlebt. Aber es ist davon auszugehen, dass der lebenszugewandte und in diesen Jahren erfolgreich und zufrieden auf die Welt blickende Ingenieurstudent Artur Schwörer sein „Einzelgängertum“ mit Blick auf die Rosenheimer Damenwelt nicht allzu übertrieben zur Schau gestellt hat. Jedenfalls waren „die vier Jahre eine sehr schöne Zeit für mich“.

Artur Schwörer, Anfang der 1950er-Jahre

Im Zentrum steht natürlich das Studium. „Mein Hauptstudium hat mir viel Freude gemacht. Gegenüber meinen Kollegen mit Abitur hatte ich nur den Nachteil, dass ich die aktuellen Filmschauspielerinnen nicht kannte, denn Kino gab es in meiner bisherigen Laufbahn kaum. In allen Fächern war ich gut, und mein Abschlusszeugnis wäre noch etwas besser ausgefallen, wenn mich nicht einer der Dozenten beim Spicken erwischt und dies mit einer Sechs geahndet hätte. Solche Spickzettel bzw. kleine Büchlein benutzte ich nur in Fächern, für die man auswendig lernen musste. Logischen Fächern und Ableitungen dagegen galt meine ganze Liebe.“ Ganz so harmlos, wie es in diesen Sätzen anklingt, wird

Bild rechts:
Studentenleben
in Rosenheim

Artur die zeitweise stark empfundenen Nachteile gegenüber der besseren Schulausbildung vieler seiner Mitstudenten nicht genommen haben. „Weil ich so eine magere Schulausbildung hatte, war ich enorm wissbegierig, nicht nur in fachlicher Hinsicht, sondern auch mit Blick auf die allgemeinbildenden Themen. So saß ich oft auf der Parkbank und las historische oder philosophische Bücher." Artur bleibt bis in seine Altersjahre hinein ein neugieriger Mensch. Immer hat er bedauert, dass seine schmale Schulbildung und die hohen Anforderungen, die Vater und Brüder mit Blick auf seine Mitarbeit im Familienbetrieb schon in so frühen Lebensjahren an ihn stellten, ihm einen bildungsbürgerlichen Wissensfundus versagt haben.

Da er vor der Lehre nur einen Volksschulabschluss aufzuweisen hat, muss er zwei Vorsemester belegen, die zur Erlangung der sogenannten mittleren Reife führen und gleichzeitig mit einer Prüfung auf die Zulassung zum Hauptstudium enden. Einige kleine Aufsätze, die aus diesen Vorsemesterjahren stammen und sich erhalten haben, zeigen einen jugendlich-romantischen Studenten, der damals sicher nicht die Erzählungen von Franz Kafka, sondern wohl vielmehr Marie von Ebner-Eschenbachs Geschichte über den treuen Hund „Krambambuli" gelesen hat. Auch die eigenen Erfahrungen als Lkw-Fahrer fließen in einen dieser kleinen Texte ein, der mit einem dramatischen Naturbild beginnt: „Der Morgen graut langsam. Die finstere, lückenlose Wolkendecke lässt keinen Sonnenstrahl hindurchbrechen. Der Regen peitscht unaufhörlich auf die asphaltierte Straße, auf der ich mit einem Lastzug in gemütlicher Geschwindigkeit in Richtung Ulm fahre." Der hier geschilderte Lkw-Unfall endet im Übrigen so glimpflich wie einst der rasante Steinetransport Arturs, der ihm als Vorbild für seine kleine Geschichte diente.

Wichtiger natürlich, dass er das Hauptstudium erfolgreich beendet. Artur besteht im Februar 1956 die „Hauptprüfung", die neben einer umfangreicheren Abschlussarbeit den Studienabschluss bildet, mit der Gesamtnote „gut". Er ist nun „berechtigt, die Berufsbezeichnung Ingenieur der Holzindustrie zu führen".

Lehrzeit eines Managers

Artur Schwörer beim Aufbau im Werk Veringenstadt

Die Freiheit der Berufswahl wartet nicht auf den jungen Ingenieur. Sofort fordert ihn die Familie ein. „Es war nicht meine Absicht, nach dem Studium im Betonwerk zu arbeiten. Meine Brüder jedoch, vor allem Hannes, haben mir klargemacht, dass sie mich im Werk Veringenstadt brauchen. Und so habe ich direkt nach meinem Studium die Leitung dieses Werkes übernommen." Der 23-Jährige steht vor einer großen Herausforderung, die er in den kommenden Jahren glänzend meistert. Wieder sind es vor allem seine handwerklichen und organisatorischen Talente, die dafür ausschlaggebend sind. Aber nun muss er auch Mitarbeiter führen, die in der Regel älter und erheblich berufserfahrener als der neue junge Chef sind. Sie beobachten ihn zunächst mit Zurückhaltung und nicht ohne Misstrauen. Er wird sie bald überzeugen. Ein einstiger Mitarbeiter im Betonwerk Veringenstadt erzählt sechzig Jahre später: „Er kam, sah, baute und löste die anstehenden Probleme."

Arturs neuer Wirkungsort liegt im Kreis Sigmaringen, im lauschigen Tal der Lauchert, einem Nebenfluss der Donau. Die kleine Stadt, deren Geschichtsschreiber stolz davon berichten, dass König Rudolf von Habsburg ihr am 11. Oktober 1285 die Marktgerechtigkeit verliehen habe, wird von einer Burgruine überragt, die auf dem breiten Rücken eines Felssporns liegt. Die großen Adelsgeschlechter der mittelalterlichen Geschichte – die Zähringer, die Welfen, die Staufer und schließlich die Habsburger – suchten auch hier ihre Herrschaft in zähen Kämpfen und mit diplomatischen

Tricks zu errichten. Die Burg war der Stammsitz der Grafen von Veringen, die im 11. und 12. Jahrhundert eine bedeutende Adelsdynastie auf der Schwäbischen Alb begründet hatten. Die älteren Schwörer-Brüder haben bei der Gründung des Betonwerkes allerdings nicht die Geschichte der Stadt im Auge, sondern den dortigen Steinbruch.

Hannes Schwörer kauft 1951 in Veringenstadt das für die Rohstoffgewinnung und Produktion notwendige Grundstück, auf dem er ein Schotterwerk bauen lässt. 1954 wird in dem Ort ein zweites Werk errichtet, das der Produktion von Spannbetonträgern dient. In der Firmenchronik ist zu lesen: „Mit einem Steinbruch als Rohstoffbasis wurde mit Pickel, Schaufel und Rollwagen Kalkstein abgebaut." Die Geschichte des Betonwerkes beginnt mit 37 Mitarbeitern. Zunächst werden Mauer- und Deckensteine produziert. Artur schreibt später: „Das Werk Veringenstadt war damals in erster Linie ein Steinbruch, wobei die Schottersteine mit schweren Brechern zu feinem Schotter gebrochen und in einem Silo gelagert wurden. Aus dem Silo wurde der Schotter abgezogen und zu Betonsteinen verarbeitet. Diese Betonsteine wurden für Hohlkörperdecken verwendet. Die dazu notwendigen Spannbetonträger kamen aus dem Werk Lindemann & Schmauder in Laupheim." In nur wenigen Jahren steigt die Schwörer KG zum größten Hersteller von Fertigbalkendecken in Süddeutschland auf.

Luftaufnahme
Werk Veringenstadt

Artur Schwörer Ende der 1960er-Jahre

Artur wird später allerdings zu Recht beklagen, dass der von seinem älteren Bruder gewählte Standort äußerst ungünstig gewesen ist. Um den Betrieb nach seinem erfolgreichen Anlaufen erweitern zu können, wird ein zwischen Bahngleisen und dem Fluss Lauchert gelegenes und viel zu schmales Gebiet hinzugekauft. Der Untergrund ist sumpfig, und die notwendigerweise zu errichtenden Gebäude erfordern das Setzen von Pfählen. Bald ist auch der Steinbruch durch den Abbau erschöpft und eine weitere Ausbeutung von Material in qualitativ akzeptabler Güte nicht mehr möglich. Der für die Produktion erforderliche Rohstoff muss durch Lastwagen aus entfernter liegenden Abbauorten herangeschafft werden. „Es war sicherlich auch nicht die beste Idee von Hannes, ein Betonwerk mit Bruchsteinen, also aus dem eigenen Steinbruch, zu bedienen. Wesentlich besser ist es, diese Betonsteine aus Moränekies herzustellen. Zudem hatte das Material aus dem Steinbruch einen hohen Lehmanteil, sodass bei der Produktion mehr Zement gebraucht wurde, als es bei der Herstellung mit sauberem Kies notwendig ist."

Anfang 1956 kauft Hannes Schwörer für die Herstellung von Spannbetonträgern eigene Maschinen und macht den Betrieb damit von Lindemann & Schmauder unabhängig. Der junge, in vielen Fragen unerfahrene Artur wird in dieser Zeit mit der Führung eines Betriebes konfrontiert und muss für unzählige praktische Fragen eine Antwort finden, um Schotterabbau und Produktion aufrechtzuerhalten. Es gelingt ihm – bald von seinen Mitarbeitern bewundert –, auch unzählige technische Probleme zu meistern. „Weil Hannes unheimlich sparsam war, hatten wir eine staubige Situation in diesem Werk. Es gab keinerlei asphaltierte Straßen oder Lagerplätze." Die Wege sind notdürftig mit Schotter befestigt, und an Regentagen sehen sich die Lkw-Fahrer mit riesigen Pfützen konfrontiert. Im Winter stehen Betriebsleitung und Arbeiter vor ganz anderen Schwierigkeiten. Es gibt für die Fahrzeuge keine beheizten Einstellplätze. Die Lkws springen am Morgen nicht an, und die Wasserleitungen für die Betonmischmaschinen sind häufig eingefroren. Auch in dieser Hinsicht ist die Zeit in Veringenstadt für den späteren Unternehmer Artur Schwörer eine gute Lehrzeit. „Aus diesen Erlebnissen heraus habe ich später in Oberstetten und insbesondere dann im PERI-Werk Wert auf asphaltierte Werksstraßen und winterfeste Produktionsräume gelegt."

Im Rückblick wirkt die Arbeit in Veringenstadt für den damals 23-jährigen Artur generell wie eine ideale Vorbereitung auf seine späteren Berufsjahre. So plant er beispielsweise ein neues Bürogebäude und führt beim Bau selbst die Regie. Die Erfahrungen, die er dabei macht, werden ihm beim Auf- und Ausbau der immer zahlreicher errichteten Werksgebäude der PERI-Betriebsstätten ungemein hilfreich sein. Durch die Anfälligkeit und den dadurch immer wieder verursachten Ausfall der für das Veringenstadter Werk angeschafften Maschinen wird der Holzingenieur zum Maschinenbauer. „Es war geradezu ein Hobby von mir, zusammen mit einem Techniker die für das Werk notwendigen Maschinen zu bauen. So zum Beispiel einen Schrägaufzug zur Beschickung des Steinbrechers. Es war ein Aufzug, in den ganze Lkw-Ladungen von Bruchsteinen gekippt werden konnten. Mit einem Schlosser brachte ich eine Spannbetonträgermaschine auf Vordermann. Für ein neues Produktionsverfahren bauten wir für die Steinefertigung einen Paternoster, um die Steine zu stapeln." Später wird Artur im Ludwigsburger Werk der Schwörer KG eine preiswerte Bimsverladeanlage konstruieren. „Sie war sicher der Grund für einen Traum, den ich bei einem Skiurlaub in Zürs hatte. Eines Nachts fand ich mich neben meinem Bett auf dem Fußboden. Christl wurde durch den Lärm ge-

Kalkschottersilo zum Beladen der Lkws im Werk Veringenstadt

weckt und fragte entsetzt, was los sei. Ich sagte ihr: Ich bin abgesprungen. Ich war auf dem Förderband und musste abspringen, weil ich sonst im Silo gelandet wäre. Es war ein Traum aus früheren Zeiten, in denen ich viele Förderbänder konstruiert und eingebaut hatte."

Noch seine viele Jahre später niedergeschriebenen Notizen lassen ahnen, wie sehr Artur Schwörer die handwerklich-technische Seite seiner Arbeit begeistert hat. „Das schwierigste Projekt meiner inzwischen erworbenen Maschinenbaukunst war eine Gitterträgerfertigungsanlage. Wir brauchten Gitterträger für eine neue Deckenkonstruktion mit Schilfrohrkörpern. Ich hatte den Ehrgeiz, die Gitterstäbe selbst herzustellen, und habe die Anlage in Veringenstadt konstruiert und sie dann in unserem Oberstetter Werk aufgebaut. Aus Draht von der Rolle und oberem Profil, das endlos verschweißt wurde, konnten auf dieser Anlage Tag und Nacht jahrelang Gitterstäbe produziert werden." In den PERI-Jahren wird Artur die Entwicklung und Beschaffung der für die Produktion notwendigen Maschinen weitgehend seinen Mitarbeitern Günther Bohatsch und Werner Handvest überlassen und sich stärker der Produktentwicklung zuwenden.

Neuanfang in Oberstetten

Die Familienbande bleiben auch jenseits der beruflichen Partnerschaft eng. „Am Wochenende wohnte ich damals im Dachgeschoss des Hauses meiner Brüder in Sigmaringen. Sonntags fuhren wir häufig zu unseren Eltern nach Oberstetten. Meine Mutter kochte dort eine wunderbare Knödelsuppe, und ein Spaziergang nach dem Essen in der schönen Landschaft diente immer der Entspannung. Unser Vater arbeitete zwar nicht mehr aktiv im Geschäft mit, aber er interessierte sich immer lebhaft dafür, um was es bei den neuen Plänen ging und wie die Geschäfte liefen. An einem solchen Tag schlug er vor: ‚Macht doch was in Oberstetten. Die Arbeiter von hier müssen täglich die 25 Kilometer nach Reutlingen zur Arbeit fahren.'" Dieser Wunsch des Vaters sollte der Startschuss für das Schwörer-Werk in Arturs Heimatort werden. „Weil wir gerade eine neue Deckenkörperkonstruktion – Deckenkörper mit Schilfrohrauflage bzw. Deckenkörper aus Hartfaserplatten gebogen – geschaffen hatten, sagten wir dem Vater zu, in Oberstetten eine Produktion für 20 bis 30 Mitarbeiter aufzubauen." Bis heute ist das dann auch dort entwickelte und produzierte „Schwörer-Haus" für die Menschen, die dort leben, der wichtigste Arbeitgeber geblieben. Der väterliche Vorschlag bildete die Grundlage für eine große unternehmerische Erfolgsgeschichte.

Die älteren Brüder beauftragen Artur neben der Leitung des Werkes in Veringenstadt auch, den Oberstetter Betrieb aufzubauen. Ab 1956 entstehen hier die ersten kleineren Werksbauten, 1959 errichten die Schwörers die erste Produktionshalle. „Inzwischen war ich auch ein halber Bauingenieur geworden", schreibt Artur Jahrzehnte später, „und plante und konstruierte das Werk in Oberstetten in der erforderlichen Größe: eine erste Halle mit 15 Meter Breite und 100 Meter Länge und aus den schlechten Erfahrungen in Veringenstadt lernend auch gleich ein recht schönes Bürogebäude. Ich stellte einen Bautrupp ein, also einen Maurer-

Wohnung von Artur Schwörer mit Blick über die Weite der Schwäbischen Alb, Mitte der 1960er-Jahre

meister und einige Bauhandwerker. Wir legten los, dieses Werk in eigener Regie zu bauen." In der ersten größeren Halle – der heutigen Werkskantine – wird die Produktion von Schilfrohrdecken aufgenommen. „Die Stahlbinder für die Halle habe ich selbst konstruiert und in Veringenstadt in der Schlosserei bauen lassen." Das zweigeschossige Bürogebäude steht an einem Hang. Im obersten Stock liegt „meine wunderschöne Wohnung mit Ausblick über die Schwäbische Alb. Der Zugang von meiner Garage zum Wohngeschoss war inkognito mitten im Gebäude. So konnte ich jederzeit ohne Berührung mit dem Büro kommen und gehen". Artur bleibt bei aller Arbeitshektik ein Einzelgänger, beharrt auch im Privaten auf seiner Unabhängigkeit und der Freiheit, eigene Wege zu gehen.

Es sind Zeiten intensivster Arbeit. In Veringenstadt muss die Produktion gesichert und ausgebaut werden, in Oberstetten gilt es, einen wagemutigen Neuanfang zu steuern. 1959 bauen die Schwörer-Brüder das Bimssteinwerk in Beihingen am Neckar. Sie kaufen zwei Schiffe, die die Bimssteintransporte von ihrem rheinländischen Werk Weißenthurm in die neue Beihinger Produktionsstätte kostengünstig möglich machen. Hannes Schwörer bleibt in diesen Jahren Herr über die Finanzen und steuert mit Nachdruck und nicht ohne Härte die kaufmännischen Geschicke der Schwörer-Unternehmungen.

Artur ist das „technische Genie". Für die Herstellung der Deckenkörper aus Hartfaserplatten entwickelt er zur notwendigen Biegung der Faserplatten eine Maschine. Bald werden die Hartfaserplattentröge von Schilfrohrkörpern abgelöst. „Diese Deckenkonstruktion lief hervorragend", bilanziert Artur später nicht ohne Stolz. „Die ganze Trabantenstadt ‚Orschel-Hagen' in Reutlingen wurde damit gebaut." Für die laufende Produktion wird in Oberstetten sehr viel Holz gebraucht. Artur schlägt dem Bruder

Hannes daher vor, selbst einzuschneiden. Aus dieser Idee entwickelt sich 1962 der Bau des ersten Sägewerks der Schwörers in Oberstetten. „Die Fertigteile für die Stützen und Binder haben wir selbst vor Ort gemacht und mit meinem in Veringenstadt zusammengebauten Kranwagen aufgestellt. Auch dieser Kranwagen war ein Produkt meiner Hobbytätigkeit Maschinenbau." Immer wieder kommt Artur in seinen autobiografischen Notizen auf seine „Erfindungen" zurück, die er für den Bau- und Produktionsprozess in den Schwörer-Unternehmen entwickelt hat. Deutlich ist hier seine Leidenschaft für den Maschinenbau zu erkennen. Auf diesem Feld hat der Handwerker und Praktiker seine vielleicht tiefste berufliche Befriedigung gefunden.

Lastschiff auf dem Neckar beladen mit Bims aus Weißenthurm für die Weiterverarbeitung im Werk Beihingen

„Wie es so ist, wird eine Produktionsstätte, wenn sie einmal begonnen wurde, immer größer. Der nächste Schritt war, die im Sägewerk anfallende Seitenware weiter zu 3-Schicht-Platten zu verarbeiten. Es war der Beginn der Schalungsplattenproduktion. Ich entwickelte ein spezielles Verfahren, um diese Platten sehr rationell herzustellen. Ich ließ ganze Plattengrößen mit der Bandsäge senkrecht spalten, um damit Holzdicke zu sparen. Ein Verfahren, das damals neu war und heute noch von vielen Herstellern genutzt wird." Typisch für Arturs rastlosen Einsatz in diesen Jahren: Zur Installierung der Stahlgitterträger ist eine baurechtliche Zulassung notwendig. Um sie zu erhalten, muss vor Ort ein Schweißfachingenieur diese Arbeit durchführen bzw. beaufsichtigen. Einen solchen aber gibt es nicht im Betrieb. Was tun? Artur Schwörer – ohnehin von den täglichen Arbeitsanforderungen eigentlich bereits völlig überlastet – macht in Stuttgart eine Ausbildung, die ihn berechtigt, den Titel Schweißfachingenieur zu führen.

Das Oberstetter Werk ist rasch weit über die ursprünglichen Planungen hinausgewachsen. Am Anfang steht die Produktion von Schilfrohrdecken, Schilfrohrkörpern, Hartfaserkörpern für Fertigbalkendecken und Stahlgitterträgern. 1962 beginnt die Produktion von Schalungsplatten.

Hannes und Artur Schwörer arbeiten in diesen frühen Jahren zunächst sehr gut zusammen. „Hannes schenkte mir volles Vertrauen und redete mir überhaupt nicht in meine Pläne und Ziele hinein." Artur bewundert die kaufmännische Steuerung des Unternehmens durch den älteren Bruder, und dieser weiß genau, wie viel die Schwörer-Produktion dem scheinbar unerschöpflichen technischen Erfindungsreichtum des Jüngeren zu verdanken hat. Hermann Schwörer, der Älteste, ist neben Hannes Mitglied der

Luftaufnahme von Oberstetten mit dem Werk rechts in den 1970er-Jahren

Geschäftsführung der Schwörer KG in Sigmaringen. Aber er wendet sich in den 1950er-Jahren immer intensiver der Politik zu. Seit 1957 ist er Vorsitzender des CDU-Kreisverbandes Sigmaringen, und – wie berichtet – ab Oktober 1958 sitzt er als Abgeordneter im Bundestag. Er wird die Schwörer-Unternehmungen immer aktiv begleiten, vor allem Kontakte pflegen und manche Verhandlung um notwendige Bankkredite führen. Aber die „Seele" des Betriebes ist Hannes Schwörer. Artur wird dies lange akzeptieren, sich der gelegentlich „diktatorischen" Führung des Älteren schweigend unterwerfen und sich mit Begeisterung um Produktion und Entwicklung in den Schwörer-Betrieben kümmern.

Unterbrochen wird der rastlose Arbeitsalltag Arturs durch einen schweren Autounfall im Herbst 1962. Gemeinsam mit Hannes fährt er auf Einladung des Bruders Hermann zum Bundespresseball nach Bonn. „Es war eine schreckliche Novembernacht mit strömendem Regen." Bei der Abfahrt in Siegburg kommt der von Artur gesteuerte Wagen ins Schleudern und prallt gegen einen Pfeiler. „Mein Lenkrad war oben im Dach, und mein rechter Fuß war im Blech eingeformt. Hannes neben mir stöhnte im Sicherheitsgurt. Ich ging über meinen Sitz zur hinteren Tür hinaus und half meinem Bruder aus dem Auto. Wie wir da stehen, sagte Hannes: ‚Dein Fuß steht nach hinten', und in dem Moment bekam ich starke Schmerzen." Monatelang muss Artur im Siegburger Krankenhaus liegen. Die Ärzte prophezeien ihm bei der Entlassung, dass der Fuß sicherlich steif bleiben werde. Was nicht zutreffen wird, weil Artur seinen Fuß durch intensives Training erfolgreich vor einer Versteifung bewahrt. Allerdings wird er künftig bei langen Bergwanderungen schmerzlich an diesen schweren Autounfall erinnert. Immerhin: „Die Unfallversicherung habe ich mir auszahlen lassen und davon meinen ersten Steinway-Flügel gekauft."

Das Schwörer-Fertighaus

Fertighaus im Bau, 1966

Auf dem Bausektor zeichnet sich seit Ende der 1950er-Jahre ein neuer Trend ab: Industrieplaner, Architekten und Bauunternehmer glauben, dass die Zukunft dem Fertighaus gehört. Dies bewahrheitet sich in den nächsten Jahren in beachtlichem Umfang. Auch die öffentliche Industrieplanung folgt diesem Trend, und einige Landesregierungen fördern und prämieren neue Entwicklungen im Fertigbau. Auf den großen Bau- und Maschinenmessen, vor allem natürlich auf der Messe in Hannover, werben mehrere Firmen für diese neue, als „revolutionär" gepriesene Bauweise. Wobei die ersten Produktionen der mittelständischen Anbieter Betonfertighäuser sind.

Das bisherige Produktionsprogramm – Mauersteine und Fertigbalkendecken – der Sigmaringer Schwörer KG ist noch auf das herkömmliche Bauen ausgerichtet. Der Kaufmann Hannes Schwörer erkennt jedoch rasch, dass die neuen Entwicklungen im Hausbau den Markt verändern werden und damit eine Herausforderung für die eigene Produktion darstellen. Zwei Jahre basteln die von ihm beauftragten Ingenieure an den Plänen für ein Betonfertighaus. Das Ergebnis ist offensichtlich nicht überwältigend. Hannes zeigt Anfang 1965 die Pläne seinem Bruder Artur, der sie am Reißbrett begutachtet und bald zu dem Schluss kommt, dass die bisherigen Ergebnisse keine erfolgreiche Zukunft versprechen: „Hannes, das wird nix." Er schlägt dem Bruder selbstbewusst vor:

„Ich mache das Haus.“ Hannes Schwörer, selbst mit der bisherigen Planung unzufrieden, willigt nur allzu gerne ein.

Der gelernte Möbelschreiner und Holzingenieur Artur lehnt von Anbeginn an die Planung eines massiven Fertighauses aus Beton ab, wie es dem Bruder und seinen Ingenieuren vorschwebt. Er beginnt mit der Entwicklung eines Holzhauses. Neben seinem lebenslangen Interesse an dem Rohstoff Holz sind es auch die Erfolge der seit 1959 von OKAL Haus im niedersächsischen Lauenstein bei Hildesheim entwickelten Holzfertighäuser, die seine Planung in diese Richtung lenken. „OKAL machte damals schon 1 000 Häuser im Jahr.“ Seit 1959 hat die OKAL GmbH über 85 000 Fertighäuser verkauft und ist Marktführer im deutschen Fertigbau. Die Firma arbeitet heute unter dem Dach der Deutschen Fertighaus GmbH in Simmern.

Artur beginnt, sich intensiv mit der Planung zu beschäftigen, und eine Studienbekanntschaft aus seinen Rosenheimer Tagen führt ihn zunächst nach Schweden. Der Freund ist dort im Fertighausbau tätig. In dem waldreichen skandinavischen Land können Holzhäuser schon seit Langem auf eine gewachsene Tradition zurückblicken. Aber diese erste Besichtigungsreise endet enttäuschend. „Die Schwedenhäuser entsprachen nicht meinem Qualitätssinn.“ Ähnliche Erfahrungen macht Artur bei einem der damals führenden Fertighaushersteller in Deutschland, der Rottenburger Firma Rolu. Auch hier erkennt er rasch, dass deren Produkte im Detail Mängel aufweisen. Wenige Jahre später muss Rolu Konkurs anmelden. Artur folgt also schon in seinen Oberstetter Anfängen einem unternehmerischen Prinzip, dem er auch in seinen PERI-Jahren treu geblieben ist: Qualität ist wichtiger als der Preis. Was immer er als Unternehmer entwickelt, herstellt und anbietet – wenn es die Qualität seiner Produkte erfordert, ist er selbstbewusst genug, etwas teurer als die Konkurrenz zu sein. Eine Haltung, die sich für seine kaufmännischen Aktivitäten auf mittlere Sicht fast immer als Erfolgsrezept entpuppen wird.

Ein weiterer Weg führt ihn dann nach Dortmund, wo er eine Fertighausausstellung besucht. Sein Blick gilt der Durchdringung und Auseinandersetzung mit den bisherigen Techniken im Fertig-

Die Teile eines Fertighauses werden im Werk Oberstetten für die Auslieferung verladen und auf der Baustelle wieder abgeladen

hausbau. Die gewonnenen Erfahrungen fließen in die eigenen Planungen ein. „In Oberstetten hatte ich noch keinerlei Personal", erinnert sich Artur. „Ich musste daher zunächst geeignetes Fachpersonal suchen. Bis es gefunden war, musste ich mir eine eigene Meinung bilden und ohne Hilfe erste Konstruktionsentwürfe machen." Er geht bei der Entwicklung seines Fertighauses eigene Wege. Ein Bericht, der sich mit diesen Anfängen beschäftigt, weist auf den Enthusiasmus und die ungewöhnliche Herangehensweise hin, die die Entwicklung „seines" Hauses begleitet hat. Im Frühjahr 1965 schlüpft Artur Schwörer in die Rolle eines Industriespions. „Mich interessierte sehr, wie die Leute von OKAL ihr Haus aufbauten. Also nahm ich meinen Fahrer Traub mit, und wir fuhren am Abend nach Hildesheim. Als ein beladener OKAL-Lastwagen das Werksgelände verließ, folgten wir ihm. Ich wollte vor Ort den Aufbau des Hauses genau studieren. Die Baustelle lag in Wolfsburg. Das Erdgeschoss stand schon, und wir sahen zu, wie die Deckenelemente und das Dach versetzt wurden. Aber ich wollte auch noch den ersten Teil beim Montieren des Hauses miterleben. Wir standen also am nächsten Morgen wieder vor dem Werkstor von OKAL und warteten, bis ein Erdgeschossteil verladen wurde und der Lkw das Gelände verließ. Wir folgten ihm auf der Autobahn in Richtung Frankfurt, um nicht aufzufallen, immer im nötigen Abstand. Es wurde eine stundenlange Nachtfahrt, die in der Nähe von Lörrach schließlich ihr Ziel erreichte. Der Kran stand schon bereit. Mein Fahrer und ich legten uns wie Urlauber auf eine Decke – es war ein herrlicher Tag – und ließen die Drei-Mann-Kolonne abladen und aufbauen."

Artur entwickelt dann rasch seine Strategie. Das Schwörer-Fertighaus will er ohne fremde Handwerker, also nur mit eigenem Personal, auf der Baustelle errichten. Es soll „so rationell wie OKAL, aber in schwäbischer Qualität sein. Während OKAL jede Fuge mit Deckleisten überdeckte, habe ich dies für mein Konzept abgelehnt und fugenfreie Wände gemacht. Ich baute eine Leimpresse, um die Spanplatten endlos geschäftet auf die ganze Wandlänge eines Hauses zu verleimen. Damit entfielen die Deckleisten."

Artur plant, für die Produktion 5 Prozent mehr als OKAL zu investieren und mit einem 10 Prozent höheren Preis zu kalkulieren als der Marktführer aus Niedersachsen. „OKAL war in Bezug auf die rationelle Bauweise das Vorbild, aber nicht für die Qualität. So verwendete OKAL beispielsweise als Bodenbelag auch Spanplatten, die nachgaben, wenn sie begangen wurden. Dies war für mich keine süddeutsche Qualität, und ich habe deswegen einen Estrich vorgesehen." Im Gegensatz zur Firma OKAL, so schreibt Artur später, die die Außenwand des Hauses mit kleinen „Standardtafeln" aneinanderfügte, entscheidet er sich für die

Baustelle des ersten Fertighauses (rechts im Bild)

Großtafelbauweise, also für die Verwendung ganzer Wandlängen, die im Oberstetter Werk in einem Stück – mit eingebauten Fenstern – produziert wurden. „Die physikalischen Eigenschaften der Wand habe ich mit einem Institut in Stuttgart festgelegt, sodass bereits die ersten Häuser schon von der physikalischen Gestaltung her einwandfrei waren." Zahlreiche solcher Details werden in der Vorbereitungsphase überlegt und entwickelt. Artur erkennt rasch, dass beispielsweise die Fenstereinrahmungen ein neuralgischer Punkt sind. So lässt er Fenster- und Türrahmen herstellen, die auch bei stärkstem Regen verhindern, dass Feuchtigkeit in die Wände eindringt. „So hatte ich in kürzester Zeit ein klares Konzept und ging daran, die Grundrisse zu entwickeln. Auch hier war OKAL ein Musterbeispiel. Ich habe jedoch die Grundrisse generell verbessert und Standardhäuser entwickelt." Die Planung für eine eigene Fertighausproduktion fällt in eine Zeit, in der die finanzielle Lage des Sigmaringer Schwörer-Betriebes durch mehrere unternehmerische Aktivitäten angespannt ist. Hannes Schwörer kauft 1959 den Steinbruch in Schömberg und errichtet dort 1965 ein modernes Betonfertigteilwerk. Das Bimssteinwerk in Beihingen kämpft mit Anlaufschwierigkeiten. Die Südwestbank, so erzählt Hannes in seinen Erinnerungen, zieht sich überraschend von einer Kreditzusage zurück, und erst durch die guten Kontakte des älteren Bruders Hermann kommt die nötige Überbrückungshilfe zustande: Über den späteren Chef der Westdeutschen Landesbank, Ludwig Poulain, erhält der Schwörer-Betrieb einen Bankkredit in Höhe von 4 Millionen Mark und kann die finanziellen Engpässe überwinden. Wie gut sich die Geschäfte des Hannes Schwörer entwickeln, zeigt die Tatsache, dass dieser Kredit bereits nach zwei Jahren zurückgezahlt werden kann.

Zwischen den Brüdern kommt es angesichts der finanziellen Probleme zu Spannungen. Hannes äußert sich kaum, und wenn, dann nörglerisch über die Entwicklungspläne, die Artur präsentiert. „Es ging immer darum, dass alles zu teuer ist, und warum nicht eine massive Außenwand? Hannes wollte ein Haus für 50 000 Mark. Er liebte zur damaligen Zeit das Holzfertighaus überhaupt nicht und hatte von der technischen Seite der Planung keine Ahnung. Immerhin hat er mich nicht gestoppt, und nachdem die Prototypen-Häuser in kürzester Zeit standen, ging es darum weiterzumachen."

Artur ist die treibende Kraft. Das Baugesuch für den ersten Prototypen trägt das Datum 12/1965, und er finanziert die ersten beiden Musterhäuser aus eigener Tasche. Möglich ist ihm das durch die Verwendung eines persönlichen Bausparvertrages. „Wahrscheinlich habe ich die Häuser zweimal bezahlt. Ich tat es trotzdem, denn ich war überzeugt vom Ziel." In diesen Jahren herrscht im aufstrebenden Schwabenland – und nicht nur dort – Vollbeschäftigung. Es erweist sich für Artur als außerordentlich schwierig, gut ausgebildete Handwerker für die Herstellung und den Aufbau der Häuser zu finden. „Ich war viele Abende unterwegs, um entsprechende Mitarbeiter in anderen Firmen abzuwerben." Der Holzingenieur als Marketingstratege: Bei einer Agentur in Reutlingen lässt Artur die Grundrissblätter in verschiedenen Farben gestalten. „Mit Fotos für die Prospekte konnte ich am Anfang noch nicht aufwarten. Dafür waren die ersten Prototyp-Häuser zu einfach. Auch wirkt ein Haus noch nicht, wenn das nötige Umfeld mit Büschen und Bäumen fehlt. Deshalb arbeitete ich am Anfang mit künstlerischen Zeichnungen, die mir ein Mitarbeiter aus Hayingen gemacht hat." Ein Produktionsbüro gibt es in dieser Anfangszeit noch nicht. Artur richtet sich mit einem Mitarbeiter, Willy Miethe, im Keller des Bürogebäudes einen Raum ein. „Ich kann mich noch genau erinnern", schreibt Miethe ein halbes Jahrhundert später, „wie wir in einem Kellerraum ohne Heizungsanlage am Reißbrett standen und die Grundrisse der Häuser entwarfen. Den Kellerboden hatten wir mit Schilfrohrmatten ausgelegt, ein elektrischer Heizofen sorgte für ein wenig Wärme. Das war unser Konstruktionsbüro. Immer wieder kam Herr Artur Schwörer mit neuen Ideen und Vorschlägen, bis die Ideallösung gefunden war." Auf einer Zeichenmaschine entstehen die ersten Prototypen. „Erst nachdem Grundriss, Details und der Dachausbau klar waren", notiert Artur, „habe ich eine Anzeige für einen weiteren Mitarbeiter in der Konstruktion geschaltet und Gunther Hartmann, einen früheren Studienkollegen von mir, eingestellt. Er war ein guter, genauer Mitarbeiter, ein Rosenheimer Techniker, aber kein kreativer Ingenieur."

Die Zusammenarbeit mit den beiden älteren Brüdern, die im Sigmaringer Hauptbüro über die Finanzen wachen, wird schwieriger. Artur ist Selbstständigkeit gewöhnt, er entscheidet über den Fortgang der technischen Entwicklungen, von denen Hannes und Herrmann Schwörer kaum etwas verstehen. Als er in der Oberstetter Gemeinde Bauplätze für die ersten Musterhäuser der Typen 103, 115 und 128 erwirbt, kommt es zu heftigen Auseinandersetzungen. Die Brüder lassen Artur bei der Entwicklung des geplanten Fertighauses frei schalten und walten, aber „immer wenn es um Geld ging, herrschten Spannungen". Die Buchhaltung, der Zahlungsverkehr oder die Kostenrechnungen werden in Sigmaringen gesteuert. „Hannes machte immer nur miese Stimmung und ließ mich nie seine Zahlen sehen." Dieser Konflikt wird bis zur geschäftlichen Trennung Arturs von seinen Brüdern das Verhältnis zwischen den Geschwistern bestimmen. Aus der Sicht der älteren Geschwister bleibt Artur der „kleine" Bruder, dessen immer sichtbarer werdende Begabung die geschäftstüchtigen Älteren zu nutzen wissen. Aber sie verweigern ihm im Familienunternehmen, zu dessen Erfolg Artur entscheidende Beiträge leistet, eine gleichberechtigte Position. Obwohl dieser in großer Verantwortung für die Oberstetter Produktion steht, gewährt Hannes dem Bruder bis zu dessen Ausscheiden keinen Einblick in die betriebswirtschaftlich relevanten Zahlen. Eine Vertragsvereinbarung für Arturs Tätigkeit gibt es so wenig wie ein fest fixiertes Gehalt.

Ein gewiefter, aber – wenn es um Geld geht – doch auch sehr kleinlich agierender Kaufmann ist Hannes Schwörer. Das erklärt zweifellos einen beträchtlichen Teil seines unternehmerischen Erfolges. Aber im innerfamiliären Alltag wachsen daraus die Verstimmungen, und ohne Arturs Selbstbewusstsein, ohne seine leidenschaftliche Arbeitshingabe, ohne seine starke familiäre Verwurzelung hätte das wenig einfühlsame und wohl auch mit Blick auf seine erhebliche Leistung ungerechte Verhalten der beiden älteren Brüder für den Jüngeren zu einem frustrierenden Leben führen können. Aber schon in seinen Oberstetter Berufsjahren ist

Artur ein Konstrukteur, der weiß, was er will und kann: „Ich war überzeugt davon, dass kein Mensch ein Fertighaus und ein Fertighausunternehmen mit größerem persönlichen Einsatz, mit geringeren Kosten und in so kurzer Zeit entwickelt und aufgebaut hat." Nicht ohne Stolz schreibt er später, dass ein entscheidender Punkt in seiner Konzeption die Vermeidung von (kostenintensiven) Reklamationen durch Schwörer-Haus-Kunden gewesen sei. „Und dies ist mir gelungen."

Auf dem neu erworbenen Gelände in der Gemeinde Oberstetten errichtet die Schwörer Haus KG dann unter Leitung von Artur 1966 drei Musterhäuser. Erste Zeitungsanzeigen erscheinen. „Besonders schwierig war es, ohne Kauf Einrichtungsgegenstände für die Werbung zu bekommen. Auch hier wurden mir Fesseln angelegt." Hannes ist nicht bereit, Geld für einen zunächst bescheidenen Werbefeldzug bereitzustellen. Artur macht die ersten Prospektfotos in Eigenregie und nutzt dabei seine Wohnung als Werbestudio. Die frühesten Außenaufnahmen der Musterhäuser für die Eigenwerbung entstehen 1967, und vor dem Musterhaus lädt eine attraktive junge Dame potenzielle Kunden zum Kauf ein: Es ist Christl Schwörer, Arturs Ehefrau.

Der Konstrukteur agiert bald auch als Verkäufer. „Mein Ziel war es, jede Woche ein Haus zu verkaufen. Im ersten Jahr habe ich selbst viele, viele Abende Interessenten besucht und Kaufabschlüsse gemacht. Meine junge Frau hat mich damals chauffiert und die Liste der Abschlüsse geführt." Das Verkaufskonzept funktioniert. Bereits nach kurzer Zeit gelingt es Artur, jede Woche ein oder zwei Häuser zu verkaufen. „Meine oberste Priorität bei der Entwicklung des Schwörer-Hauses war Qualität. Dieses Prin-

Christl Schwörer als „Fotomodell" vor einem Musterhaus

zip hat das Haus schnell zu einem Markenprodukt werden lassen, das auch durch Mundpropaganda ein sehr positives Image erreichte." Der Erfolg ermöglicht bald die Einstellung eines zusätzlichen Verkäufers, der sich als Glücksgriff erweist. Es ist der schon erwähnte Willy Miethe, der im Deckenbetrieb in Oberstetten als Betriebsleiter tätig ist und in Arturs Konstruktionsbüro an den ersten Entwürfen mitgezeichnet hat. Er erinnert später an die schwierigen Anfänge: „Eines Tages sagte Herr Artur Schwörer zu mir: ‚Herr Miethe, Sie widmen sich jetzt nur noch dem Fertighaus und vor allem dem Verkauf.' Meinen ersten Kunden hatte ich in Bitz. Wir hatten gute Gespräche, meine Angebote wurden positiv aufgenommen und ein Termin für die Auftragserteilung festgelegt. Als ich zu diesem vereinbarten Termin kam, stand ein dunkler BMW vor dem Hause. Nachdem ich geklingelt hatte, wurde mir mitgeteilt, ich solle mich ein wenig gedulden. Ich wartete in meinem Auto, als ein Herr aus dem Haus kam und wegfuhr. Mir wurde erklärt, er sei ein Verkäufer der Firma Haug in der Nähe von Rottenburg, und er habe unser Angebot unterboten. Meine Enttäuschung war groß. Ich schilderte Herrn Artur Schwörer den Vorfall, und er bat mich, einen neuen Termin mit dem Kunden zu vereinbaren, zu dem er mich begleiten wolle. Herr Schwörer unterbot das Angebot des Mitbewerbers, und ich hatte mein erstes Schwörer-Haus verkauft – und es wurde auch gebaut." Selten, dass Artur einen Verkauf über den Preis zum Abschluss brachte. Entscheidend war für ihn und seine Kunden in der Regel die Qualität seiner Angebote.

Nach den schwierigen, von Artur mit großem Arbeitseinsatz und Optimismus gemeisterten Anfängen entwickelt sich aus seinen ersten Fertighauskonstruktionen in den kommenden Jahrzehnten ein bis heute überaus erfolgreiches mittelständisches Unternehmen. 1970 werden in Oberstetten erstmals über 100 Häuser gefertigt. Im Jahr 1973 sind es bereits über 300 Häuser. Bis heute hat die Schwörer Haus KG rund 40000 Fertighäuser gebaut. Am Anfang dieser unternehmerischen Erfolgsgeschichte stehen Arturs Musterhäuser aus Holz, das kaufmännische Geschick des Hannes Schwörer und die diplomatischen Künste Hermann Schwörers.

„Es war das Schwingen zweier Seelen"

Im Herbst 1966 kommt es zu einer für Arturs künftiges Leben entscheidenden Begegnung. Die 19-jährige Unternehmerstochter Christl Baeuerle erscheint zu einem Besichtigungsbesuch in dem Oberstetter Betrieb. Hier begegnet sie zum ersten Mal Artur Schwörer. Ihre Eltern stammen aus alteingesessenen, traditionsbewussten Kaufmannsfamilien. Der Großvater Baeuerle besitzt eine Farbenfabrik in Memmingen, die nach seinem Tod die beiden Söhne Heinz und Walter (der dritte Sohn Fritz fällt im Krieg) erben. Als junger Offizier nimmt Christls Vater Heinz am Zweiten Weltkrieg teil und lernt nach dem Krieg in Ulm die Kaufmannstochter Liselotte Laible kennen, die er am 24. April 1946 heiratet. Liselotte Laible ist Spross einer alten Ulmer Unternehmerfamilie. Diese hatte 1830 eine Stärkefabrik im Fischerviertel gegründet und dort seit dem Ersten Weltkrieg Teigwaren und andere Nahrungsmittel wie etwa Mutschelmehl hergestellt. Sie wird rasch als Bären-Nudel-Fabrik bekannt. Da seine junge Frau nach der Hochzeit nicht in Memmingen, sondern in Ulm leben will, absolviert Heinz Baeuerle bei der „Schwäbischen Donauzeitung" (heute „Südwestpresse") ein Volontariat und schreibt unter dem Kürzel „le" seine ersten Film- und Theaterkritiken. Im Auftrag seines damaligen Chefs Kurt Fried gründet der kulturbegeisterte Jungjournalist in Ulm ein Jugendtheater. Aber er findet dann – es waren die dunklen Jahre der großen Arbeitslosigkeit – trotz zahlreicher Bewerbungen keine Redakteursstelle. Um sich eine berufliche Existenz aufbauen zu können, entschließt er sich, das Angebot seiner Schwiegermutter anzuneh-

Hochzeitsbild von Liselotte Laible und Heinz Baeuerle 1946

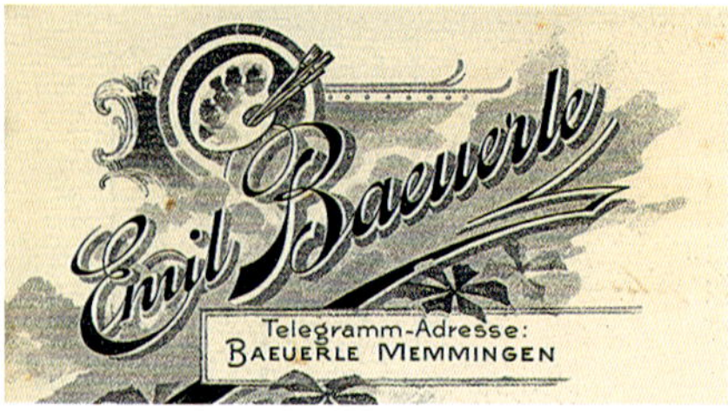

Briefkopf der Firma Baeuerle Farben von 1898 sowie der Firma David Laible aus dem Jahr 1899

men und in die Firma Molfenter einzutreten, an der ihre Familie Anteile besitzt. Das 1865 gegründete Unternehmen Gebrüder Molfenter betreibt in Weißenhorn ein Sägewerk und in Ulm eine Holzhandlung. Heinz Baeuerle macht vor seinem Eintritt in die Firma in einer anderen Holzhandlung ein kurzes Praktikum. Später wird er den Anteil seiner Schwiegermutter in der Firma vertreten und bis zu seinem Tod als Geschäftsführer die Geschicke des Unternehmens lenken. Die väterliche Farbenfabrik in Memmingen wird vom jüngsten Bruder Walter Baeuerle geleitet, und Heinz fährt als 50-Prozent-Teilhaber fast jedes Wochenende zu Gesprächen in die nahe gelegene Stadt im Unterallgäu.

Das junge Ehepaar Baeuerle wohnt zunächst in zwei bescheidenen Zimmern im Haus der Eltern Laible, Promenade 4 in Ulm. Dort wird die Tochter Christl am 10. November 1946 geboren. In den Fünfzigerjahren vergrößert sich die Familie, denn die Eltern nehmen ein entfernt verwandtes Mädchen in die Familie auf, das später im Haushalt von Christl und Artur Schwörer lebt. 1962 wird eine zweite Tochter geboren. Ihre Jugend verbringt Christl im Haus auf dem Michelsberg in der Prittwitzstraße 61. Nach dem Abitur beginnt sie in Tübingen ein Biologie- und Chemiestudium, das sie nach ihrer Heirat abbricht. Als Artur seine künftige Frau kennenlernt, ist sie neben ihrer inzwischen verwitweten Mutter Teilhaberin der Memminger Farbenfabrik. Nach dem Tod der Mutter wird Christl auch Teilhaberin der Firma Molfenter. Während die Schwörers in Oberstetten Schalungsplatten herstellen, verkaufen die Ulmer solche Produkte.

Die Geschäftsbeziehungen entstehen aber zunächst über den Bau eines sogenannten Shed-Daches, für das Hannes Schwörer eine Schweizer Lizenz besitzt und das die Memminger Firma Baeuerle wiederum bei der Firma Schwörer für den Bau einer Fabrikhalle geordert hat. Bei der im Werk Beihingen produzierten Shed-Dachkonstruktion treten Probleme auf, die der ohnehin mit Arbeit überlastete Artur lösen soll. In der Vergangenheit sind schon andere Lizenznehmer bei der Produktion gescheitert. Es kommt zu größeren Lieferverzögerungen, und die Memminger Auftraggeber verlangen Schadenersatz. Als im Frühjahr 1966 endlich das Einweihungsfest mit Mitarbeitern, Lieferanten und Freunden gefeiert werden kann, löst das Erscheinen des von der Familie Schwörer nach Memmingen entsandten „Diplomaten“ Hermann Schwörer bei dem die Farbenfabrik leitenden Walter Baeuerle – der seine Mitarbeiter ausdrücklich angewiesen hat, keine Einladung an die Schwörers zu verschicken – Verwunderung und Ärger aus. Hermanns Charme überwindet die Krise rasch. Er tanzt eifrig mit der hübschen Christl Baeuerle.

Artur wird kurz nach dem Richtfest von den Brüdern beauftragt, einen ersten Kontaktbesuch bei der Firma Molfenter in Ulm zu machen. Er lädt den nach dem Tod von Heinz Baeuerle Geschäftsführer gewordenen Edwin Liebau zu einem Gegenbesuch nach Oberstetten ein, um die dortige Schalungsplattenproduktion kennenzulernen. Den Hintergrund dieser Treffen bildet die Idee, dass die Oberstetter Schalungsplatten durch die Ulmer Molfenters vertrieben werden sollen. Als der Ulmer Geschäftsführer nach Oberstetten kommt, ist überraschend Christl Baeuerle in seiner Begleitung. Es waren aber nicht geschäftliche, sondern private Gründe, die die junge Frau zu diesem Besuch animiert hatten. Sie war neugierig auf den jüngeren Bruder des charmanten, sie faszinierenden, aber doch vierundzwanzig Jahre älteren Tänzers Hermann. Gelegentlich ist das Leben wie ein Roman. „Ich ging zur Eingangstür und wollte Liebau begrüßen,“ notiert Artur Jahrzehnte später. „Da kam mir aber ein strahlendes Mädchen entgegen, das mir ebenso spontan gefallen hat wie ich angeblich ihr.“ Artur führt die Gäste durch den Betrieb, zeigt ihnen nicht nur die Schalungsplattenproduktion, sondern auch die Arbeitshallen, in denen die

Werbeplakat der Firma Bären-Nudeln aus den 1950er-Jahren

ersten Schwörer-Fertighäuser hergestellt werden. „Beim anschließenden Vesper in meiner schönen Wohnung funkte es bereits. Die Stimmung vor dem offenen Kamin war bestens. Ich führte meine neue Stereoanlage mit einem Satz aus Beethovens 9. Symphonie vor. Christl hatte schon damals mit ihren 19 Jahren eine feste Meinung über Einrichtungen und kritisierte, dass das knallrote Kissen auf dem lila Sofa farblich nicht passen würde. Ich gab ihr recht. So begann ein Märchen, ein Traum an Glück für mein ganzes Leben." Christl Baeuerle wird nach ihrer Rückkehr von diesem Besuch zur Mutter sagen: „Das ist der Mann meines Lebens!"

Arturs Beziehungen zu Frauen sind bislang immer darauf ausgerichtet, sich ein eigenständiges Leben zu bewahren. Wird ihm eine Freundschaft zu eng, sucht er Distanz, sträubt sich gegen eine zu starke Eingrenzung seiner Unabhängigkeit. „Sympathien mit weiblichen Fremden wechseln sehr häufig", notiert er 1966 lapidar auf einem Fragebogen. Der Junggeselle geht vollständig in seiner Arbeit auf. Gelegentliche Kneipenbummel, die nie versiegende Liebe zur Musik, Skifahren in den nicht fernen österreichischen Alpen oder erste kleine Segelabenteuer – der Rest ist Arbeit. Einige Jahre zählt allerdings auch die Jagd zu seinen Freizeitbeschäftigungen. In der Umgebung von Oberstetten hat er vor allem seinem jagdbegeisterten jüngeren Bruder Heinrich zuliebe ein 780 Hektar großes Jagdrevier gepachtet. Noch heute schwärmt Heinrich im Gespräch von den Jagdausflügen, die er als Jüngling mit dem von ihm tief verehrten älteren Bruder damals unternommen hatte. Häufig nutzt Artur die Jagd auch, um die Kontakte zu angereisten Geschäftsfreunden und Kunden zu vertiefen. Aber: „Ich hatte keineswegs eine Leidenschaft für die Jagd. Ich musste jedoch (als Jagdpächter) wohl oder übel jedes Jahr wenigstens einen Bock schießen." Bald wird er auch mit der Ehefrau viele Abend- und Morgenstunden auf der Pirsch verbringen. Allerdings ist Christl Schwörer, so hält Artur in seinen Notizen fest, grundsätzlich gegen das Schießen. „Es gibt eine nette Geschichte, was meine Jagdleidenschaft betrifft und vor allem die meiner Frau. Bei unserer abendlichen Pirsch saßen wir zusammen auf einem Hochsitz, und ich hatte mir einen Bock ausgesucht, den ich pflicht-

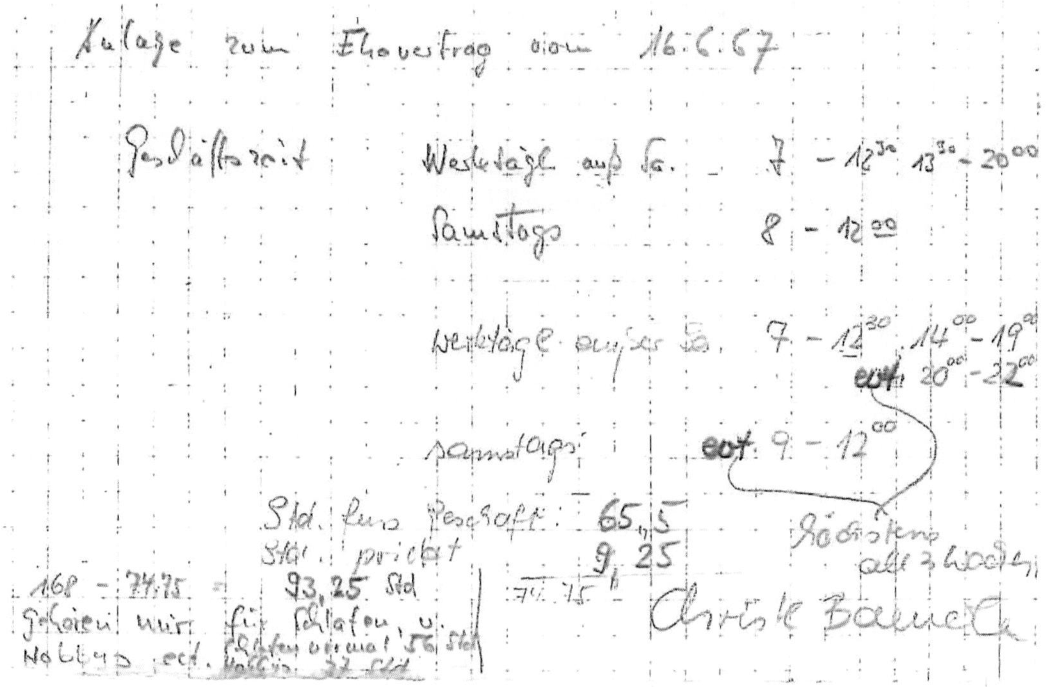
Anlage zum Ehevertrag vom 16.6.67

Geschäftszeit Werktage außer Sa. 7 – 12³⁰ 13³⁰ – 20⁰⁰

Samstags 8 – 12⁰⁰

Werktage außer Sa. 7 – 12³⁰ 14⁰⁰ – 19⁰⁰

evtl. 20⁰⁰ – 22⁰⁰

samstags: evtl. 9 – 12⁰⁰

Std. fürs Geschäft: 65,5

Std. privat 9,25

168 – 74,75 = 93,25 Std 74,75

gedacht nur für Schlafen u. Hobbys ect.

Anlage zum Ehevertrag: Handschriftliche Notiz von Artur Schwörer auf einer Serviette

gemäß schießen wollte. Meine Frau war dagegen, und ich hatte mich also an einem Samstag während ihres Nachmittagsschlafes mit meinem Drilling davongeschlichen. Als meine Frau von der Haushaltshilfe erfuhr, dass ich auf Jagd gegangen sei, stieg sie sofort in ihren VW Käfer und fuhr hupend durch den Wald zu meinem Hochsitz. Der Rehbock kam natürlich an diesem Tag nicht mehr auf die Lichtung, und wenn ihn noch kein anderer erlegt hat, dann lebt er noch heute."

Seit der Begegnung mit der jungen Ulmerin ist „alles ganz anders als bei meinen früheren Bekanntschaften. Das 19-jährige Mädchen war eine Persönlichkeit, die mich faszinierte. Sie war auch so klug, mich doch etwas älteren Junggesellen nicht zu vereinnahmen, sondern mir genügend Freiraum zu lassen, vor allem nicht meinen Arbeitstag, der die Woche über ohne Feierabend war, zu beanspruchen." Scherz und tiefere Bedeutung: Bei einem gemeinsamen Besuch im Restaurant „Stadt Reutlingen" notiert der 34-jährige Junggeselle auf einer Papierserviette, dass seine künftige Ehefrau bitte seine langen Arbeitstage zu beachten habe, und er präzisiert genau, wie er sich seine Zeiteinteilung zwischen Arbeit und Familie vorstellt.

Es ist eine Liebesheirat, und Arturs autobiografische Aufzeichnungen spiegeln das auf schöne Weise wider: „Christls romantische Art und ihre Begeisterungsfähigkeit für alles, was ich liebte, war eine wunderbare Grundlage für eine ernsthafte Beziehung. Es war das Schwingen zweier Seelen, zum Beispiel auf meinem Segelboot auf dem Bodensee, wenn der Mond über dem Pfänder aufging und wir singend zum Hafen segelten." Die junge Frau imponiert Artur nicht zuletzt auch durch ihre „Ernsthaftigkeit, die hinter ihrem romantischen Wesen verborgen war".

Hochzeit 1967

Hochzeit ist am 16. Juni 1967 in Hinterzarten im Südschwarzwald. Christl Baeuerle hat hier in ihrer Kindheit häufig mit den Eltern herrliche Urlaubstage verbracht und sich immer gewünscht, in dem idyllischen Höhenluftkurort einmal zu heiraten. „Ich habe mich an diesem Tag total von Christl führen lassen. Nur in einem habe ich mich durchgesetzt: Für die Fahrt in der Kutsche vom Hotel Adler zur danebenstehenden Kirche verlangte ich einen Umweg, damit sich die Fahrt mit Kutsche und Pferden auch rentierte." Der einst in Oberstetten amtierende und von Artur für die Hochzeitszeremonie ausgewählte Pfarrer Linnemann hält eine schöne Rede und ermahnt das junge Paar, dass jeder den anderen so lassen solle, wie er ist. Noch Jahrzehnte später hält Artur in seinen Notizen bemerkenswerterweise fest, dass der Pfarrer in seiner Predigt auch nicht zu erwähnen vergisst, dass bitte schön jeder den Freiraum des anderen zu achten habe.

Christl Baeuerle ist ein Stadtkind. Jetzt wartet auf die junge Ehefrau das Leben in einem kleinen Dorf auf der Schwäbischen Alb. Der Schwörer-Clan nimmt sie zunächst mit geteilten Gefühlen auf. Die beiden Älteren sind inzwischen eingefleischte Junggesellen, und vor allem Hannes lässt Artur und Christl spüren, dass er einen weniger intensiven Arbeitseifer des frischgebackenen Ehemannes befürchtet. Auch der jüngste Schwörer-Sohn Heinrich reagiert zunächst mit Zurückhaltung, sorgt er sich doch, dass die vielen gemeinsamen Unternehmungen mit seinem „Freund“ und Bruder – Jagen, Segeln, Skifahren – nun der Vergangenheit angehören. Aber das sind offenbar nur kurze Irritationen. In einem Brief Heinrichs, geschrieben im Februar 1967, heißt es sehr zustimmend: „Hannes und Herrmann haben eine wirkliche Zuneigung zu ihr und akzeptieren sie nicht nur als Deine zukünftige Frau. Sie ist lauter, offen und ehrlich, fröhlich und zufrieden, und es ist eine große Freude, mit ihr zusammen zu sein.“ Die Schwiegermutter umarmt das neue Familienmitglied, aber es fällt ihr nicht leicht zu akzeptieren, dass Artur keine Katholikin erwählt hat. Der Schwiegervater begegnet ihr mit der ihm eigenen knorrigen, aber doch auch sehr herzlichen Art.

Die junge Ehefrau hadert keineswegs mit dem „Landleben“. Bis Artur das Unternehmen verlässt, leben sie in der Wohnung des Ehemanns im Bürogebäude der Firma Schwörer. „Christl gefiel die raue Schwäbische Alb, die Landschaft, der weite Blick aus meiner Wohnung und auch die Pirsch am Abend in meinem ums Haus liegenden Jagdrevier. Als ich dann kurz nach der Hochzeit meine volle Kraft für den Ausbau des Schwörer-Hauses einsetzte, wirkte sie ebenso begeistert mit und engagierte sich spontan, um die Innenräume der Musterhäuser zu gestalten.“ Das wird so bleiben. „Als wir 1967 heirateten“, erzählt Christl später, „war ich ab sofort Einrichterin, Model und Chauffeuse. Meine liebevoll nach Oberstetten mitgebrachte kleine Aussteuer musste ich gleich wieder ausräumen, um sie in einem leeren Musterhaus zum Fotografieren wieder zu dekorieren. Und weil die Firma Schwörer meinte, dass es zu teuer wäre, sich Models für den ersten Prospekt anzumieten, bin ich einfach im Dirndl in dem Garten gestanden und strahlte wie eine frischgebackene Hausfrau."

Christl wird alle Berufsabenteuer ihres Mannes in den zweiundvierzig Ehejahren, die ihnen geschenkt werden, mit Enthusiasmus und dem gleichen Mut zum Risiko begleiten. Sie wird später das Familienleben steuern, die Erziehung der Kinder lenken und die gesellschaftlichen Verpflichtungen des Unternehmers Artur Schwörer mit großem Charme und viel Fantasie unterstützen. Die jährlich wiederkehrenden gemeinsamen Skiwochen in Zürs am Arlberg, die häufig bewusst ohne die Kinder verbracht werden, die ebenfalls nur zu zweit und regelmäßig unternommenen Opern- oder Konzertbesuche in München – das Ehepaar Schwörer entweicht der hektischen Arbeitswelt und schöpft im Miteinander die Kraft, um den Alltag zu bewältigen. Artur ist kein einfacher Mann, kein „Frauenversteher", wie die Witwe später einmal lachend erzählen wird. Er neigt gelegentlich zu schwäbischer Kürze, die seine Ehefrau nicht immer erheitert. Die protestantische Genauigkeit in Fragen der Moral und der Erziehung nötigt dem ein wenig barocken Katholiken gelegentlich eine spöttische Bemerkung ab. Aber es ist eine sehr glückliche Partnerschaft, eine wohl nie gefährdete Liebe, die beide bis zu Arturs Tod tief verbindet.

Winterfreude

Tiefschneefahren am Arlberg

Die Trennung

Schon vor seiner Verlobung mit Christl denkt Artur intensiv über die zweite große Entscheidung nach, die sein künftiges Leben bestimmen wird. Die Konflikte mit den älteren Brüdern häufen sich, und der Gedanke, die Zusammenarbeit entweder auf neue Füße zu stellen oder sich vom Oberstetter Familienbetrieb zu trennen, bewegt ihn zunehmend. „Im Laufe der Jahre 1966 bis 1968 zeigte sich für mich immer deutlicher, dass ich nicht mehr im Unternehmen meiner Brüder weiterarbeiten konnte. Allzu unterschiedliche Vorstellungen der Zusammenarbeit ließen in mir langsam den Entschluss reifen, mich selbstständig zu machen – was mir nicht leichtfiel." Es ist aus doppelter Sicht ein schwerer Entschluss. Artur hat seit frühester Jugend im Schwörer-Clan mitgearbeitet. Die Oberstetter Familienbande sind immer besonders eng gewesen, und auch die Familienhierarchie steht seit Arturs Kindertagen lange jenseits aller Zweifel. Beruflich bedeutet die Lösung von den älteren Brüdern zudem ein hohes Risiko. Artur ist in den vergangenen Jahren mit seiner Arbeit in Veringenstadt und in Oberstetten – vor allem natürlich bei der Entwicklung der Schwörer-Fertighäuser – überaus erfolgreich gewesen. Aber „mein Verhältnis zu Hannes war zu diesem Zeitpunkt nicht mehr besonders vertrauensvoll. Und das nach zwölf Jahren Einsatz für die Schwörer KG." Die emotionale Seite der Trennung ist sicher im Verhältnis zu Hannes Schwörer zu finden. Artur fühlt seinen Anteil am Erfolg des Familienunternehmens nicht ausreichend gewürdigt, und er leidet unter dem Misstrauen und der Missachtung seines Bruders. „Ich glaube heute", schreibt er Jahrzehnte später, „er hatte wirklich keine Ahnung, welche Kraft ich in den Aufbau des Schwörer-Hauses gesteckt habe, in die Entwicklung, in die Organisation, in die Personalbeschaffung, in die Ausbildung der Handwerker."

In den privaten Papieren, die Artur Schwörer hinterlassen hat, finden sich einige, meist handschriftlich und mit Bleistift notierte

Briefentwürfe an seine Brüder, in denen er versucht, sich über seine Beweggründe klar zu werden. Ohne Datum, aber wohl im Jahr 1967 niedergeschrieben, zeigt ein solcher Notizzettel unter der Dachzeile „Was will ich für die Zukunft?“ deutlich, welche Gedanken ihn in diesen Monaten bewegt haben: „Ihr solltet endlich anerkennen, dass ich mit gleichem Interesse, mit gleicher Intensität und gleicher Leidenschaft für unsere gemeinsame Firma (richtig müsste ich sagen für Eure Firma) gearbeitet habe und arbeite. Notizen, wie ich sie fast täglich bekomme, zeugen (davon), dass Ihr das nicht erkennt, sie sind zumindest in Art und Ton unwürdig für mich. Solange Ihr, Du und Hermann, das Gefühl habt, dass Ihr mich kontrollieren müsst, und mir nur immer vorhaltet, was ich falsch gemacht habe, ist unser Verhältnis nicht in Ordnung. Solange man sich nicht auch einmal über eigene Erfolge gemeinsam freuen kann, ist unser Verhältnis nicht in Ordnung. Solange ich Kfz-Steuer für Christls Auto, das sie mitgebracht hat und mit dem ich oft geschäftlich unterwegs bin, weil Opa, Hilda und Mama mit meinem Wagen gefahren werden, aus (meiner) Privattasche zahle, weil ich es einfach für unwürdig empfinde zu betteln, ist etwas nicht in Ordnung.“

Diese Zeilen weisen auch darauf hin, dass Artur vor allem an der von den Brüdern wohl als selbstverständlich angesehenen Unterordnung leidet, die ihm den Arbeitsalltag vergrault. Er will die Familienhierarchie nicht mehr als gegeben hinnehmen. „Weil ich ständig der Jüngere bin, ich aber nicht mein Leben lang in dieser psychisch beherrschenden Stellung (arbeiten will), und weil ganz klar eine Zusammenarbeit zwischen vier schwieriger ist als zwischen zwei gleichaltrigen Brüdern, deshalb suche ich nach einer Lösung, die mich befriedigt, die gerecht ist und die Euch nicht zum Nachteil sein soll.“

Arturs Pläne beginnen sich erst allmählich zu konkretisieren. Die Verbindung mit der ihm in seinen Ideen einschränkungslos vertrauenden Christl gibt dem Suchenden neue Kraft, sich von der für ihn unhaltbar gewordenen Oberstetter Situation zu befreien. Am Anfang seines Loslösungsprozesses steht noch der Wille, die Zusammenarbeit zu erhalten, aber seine Position in der Schwörer

KG auf eine gleichberechtigte und vertraglich fixierte Rolle festzulegen. „Weil ich weiß, dass (sich) bei der jetzigen Konstellation der Verhältnisse nie etwas ändern wird, suche ich nach einer Lösung, die Dir nichts nimmt, mir aber das gibt, auch auf dem Papier, was ich Deiner Ansicht nach schon habe. Entweder eine gleichberechtigte Stellung in der KG, auch in finanzieller Hinsicht und auch mit entsprechendem Mitspracherecht bei entscheidenden Problemen, oder einen Bereich, in dem ich selbst voll verantwortlich bin und nur über Erfolgszahlen monatlich, halbjährlich bzw. jährlich Rechenschaft ablege. Das WIE ist schon meine Sache."

Artur schlägt den beiden älteren Brüdern vor, ihm aus dem Werk Oberstetten eine Gewinnbeteiligung von 50 Prozent einzuräumen, „weil ich ja momentan im Wesentlichen nur zum Erfolg dieses Werkes beitrage und auf den Gewinn aus den anderen Werken verzichte".

In einer späteren handschriftlichen Notiz hält Artur seine Beweggründe für die Trennung von seinen Brüdern noch einmal fest: „Der Entschluss war natürlich nicht einfach. Hannes provozierte durch Briefe, in denen er mich kleinhalten wollte ohne eine Zusicherung. Zuvor hatte ich ja erlebt, welche Wertschätzung er mir neuerdings entgegenbringt, indem er mir die Leitung in Oberstetten entzog und mir ein Büro in Sigmaringen zuwies – diese Monate in Sigmaringen habe ich verdrängt, sie waren sehr bitter für mich." An anderer Stelle heißt es: „Er glaubte, mich mit Angst zu motivieren, ‚wir verdienen nichts'. Wenn er in Oberstetten alle zwei bis vier Wochen mit mir durch das Werk ging, war ich wieder für zwei Tage down aufgrund seiner dilettantischen Forderungen."

In einem Brief vom 13. Juni 1968 teilt Artur dem Bruder Hannes seine Vorschläge mit. „Die Antwort auf meinen Brief war: ‚o.k., Vorschlag A können wir machen, eigentlich hast Du ja schon alle Vollmachten und übst sie auch aus.' Aber auf meinen eigentlichen Wunsch nach einem Vertrag für die Zukunft ... ging er nicht ein." Artur schreibt einen zweiten Brief, „in dem ich darauf hinwies, dass ich, wenn sich nichts bewegt, zum 01.01.1969 ausscheiden will. Diesem Brief folgte ein zehn Seiten langer Brief von ihm, vorwiegend mit Kritik an meinem Tun." Der ältere Bruder kann so

Hannes und Artur Schwörer anlässlich der Verleihung des Bundesverdienstkreuzes an Hannes, 1988

wenig über seinen Schatten springen, wie Artur eine weitere Unterordnung unter den brüderlichen Willen akzeptieren will. Es kommt zur Trennung, aber nicht zu einem Familiendrama. Hannes Schwörer bleibt auch in den kommenden Jahrzehnten ein erfolgreicher Kaufmann, Hermann setzt seine Karriere in der Bundespolitik fort, und Artur baut in Weißenhorn ein Unternehmen auf, das schließlich weltweit zum Marktführer werden wird. Wunden bleiben zurück. Die Schwörers sind ein enger Familienverbund, und das väterliche Postulat, eine Familie müsse zusammenhalten, macht es keinem der Brüder einfach, künftig eigene Wege zu gehen. Heinrich, der Jüngste, schreibt an Artur im Februar 1967 aus Saarbrücken einen achtseitigen Brief, in dem er ihn beschwört, die Firma nicht zu verlassen: „Euer Geschäft ist eine großartige Sache. Und ganz besonders unsere Eltern haben eine Freude daran und hoffen, dass diese Gemeinsamkeit erhalten bleibt.“ Heinrich versucht, die Konflikte herunterzuspielen: „Nach Eurer beider Aussagen versteht Ihr Euch doch eigentlich ganz gut. Meinungsverschiedenheiten, die Dich unbefriedigt sein lassen, bestehen wirklich nur im geschäftlichen Bereich … Man wird Dir den Hauptanteil der Schuld an dem Ende Eurer so erfolgreichen Zusammenarbeit geben. Denn ich bin fest davon überzeugt, dass Hannes gerade in der gegenwärtigen, schwierigen Lage auf Deine volle Mitarbeit nicht ohne Nachteile verzichten kann ... Einen wirklichen Ersatz für Dich wird er niemals finden." Aber ein Absatz in Heinrichs Brief weist doch darauf hin, wie schwierig die Zusammenarbeit inzwischen geworden ist: „Ich erinnere mich noch genau an den Sonntag in Oberstetten, als Ihr Euch so darüber gestritten habt, wer nun eigentlich das Werk Veringenstadt aufgebaut hat. Ich weiß noch, wie Du wütend den Mantel genommen hast und der Diskussion ein Ende machtest."

Neben den persönlichen Querelen gibt es zwischen den Brüdern auch grundsätzliche Unterschiede in der Frage, wie Mitarbeiter geführt und geleitet werden sollen. Hannes ist kein großer Psychologe, zur Durchsetzung seiner Pläne kann er häufig hart, kränkend und unsensibel argumentieren. In den hinterlassenen Unterlagen von Artur findet sich unter der Überschrift „Führungsgrundsatz" eine Notiz, die zeigt, wie unterschiedlich die Haltung der beiden Brüder in Fragen der Personalführung gewesen ist: „Hast Du einen Spitzenmann, dann führe ihn niemals mit herabsetzender Kritik, sondern mit Anerkennung. So wird er sich in seiner Verantwortung weiterentwickeln und das Beste geben. Sei immer mit ihm, auch wenn Fehler vorkommen. Nimm nie seine Ideen, und gebe sie als die Deinen aus." Für Artur ist herabsetzende Kritik der falsche Weg, um zu einer positiven Zusammenarbeit zu kommen. „Ich bin es gewohnt, mit Freude und Schwung zu führen und zu arbeiten, und wenn einer ein positives Ergebnis will, muss er mit Achtung und Wertschätzung den Führungskräften, den Teammitgliedern bzw. den Mitarbeitern gegenüber auftreten. Nur dann wird auch der Mitarbeiter seine volle Kreativität entfalten können." Hinter diesen Sätzen, die Artur erst viele Jahre später und im Rückblick auf die Oberstetter Auseinandersetzungen niederschreibt, lässt sich unschwer auch seine Kritik am Führungsstil des Bruders lesen.

Hannes, Hermann und Artur sind keine „feindlichen Brüder". Auch nach der beruflichen Trennung werden sie zu Geburtstagen oder anderen familiären Festen zusammenkommen. Aber wie in vielen bürgerlichen Familien ist der innerfamiliäre Konkurrenzkampf auch bei den Schwörer-Brüdern eine psychologische Realität. Geschwister kennen sich gut, wissen um die Schwächen des anderen, scheuen im Streit häufig nicht vor Kränkungen zurück, Eifersucht ist ihnen kein fremder Lebensbegleiter. Heinrich weist in seinem Brief an Artur noch auf einen vielleicht nicht ganz unwichtigen Charakterzug des geliebten Bruders hin: „In dem Verhältnis zwischen Hannes und Dir hat es bestimmt auch von Deiner Seite aus manchen Fehler gegeben, ohne Dir jetzt die Schuld in die Schuhe schieben zu wollen. Und wenn es nur das wäre, dass Du zu oft geschwiegen hast, anstatt ihm Deine Meinung zu sagen, wenn er Dich verletzt hatte." Artur wird auch später in seinen PERI-Jahren gelegentlich dazu neigen, persönlichen Kontroversen auszuweichen. Aber Heinrichs Versöhnungs- und Durchhalteappelle bleiben ungehört. „Nach dem zehnseitigen Brief von Hannes vom Oktober 1968 bin ich spontan nach Sigmaringen gefahren und habe Hannes und Hermann erklärt, dass ich zum 1. Januar 1969 aussteige."

Vielleicht ist die geschäftliche Trennung von den Brüdern Arturs schwierigste Lebensentscheidung gewesen. „Jeder, der mich kennt, kann sich vorstellen, dass das Ausscheiden natürlich ein Prozess war, der mir sehr schwergefallen ist. Das erfolgreiche Schwörer-Haus, das ich gerade aufgebaut habe, zu verlassen und in eine völlig ungewisse Zukunft zu gehen, war ein Schritt, der von mir, aber auch besonders von meiner Frau sehr viel Mut verlangte. Ich wusste zwar, dass das Schwörer-Haus, das ja im Vertrieb schon so erfolgreich war, mit der Mannschaft, die ich hatte, weiterlaufen wird. Aber ich hatte trotzdem das Gefühl, dass ich meine engsten Mitarbeiter im Stich lasse, und habe mich von niemand verabschiedet." Noch im Alter, als die unheilbare Krankheit schon sein Leben überschattet, kreisen seine Gedanken um diese Trennung. Bis in seine letzten Lebenstage hinein schmerzt ihn der grußlose Abschied von seinen damaligen Mitarbeitern. Seine autobiografischen Aufzeichnungen sind nicht zuletzt ein nachgeholter Erklärungsversuch. „Heute frage ich mich manchmal, ob ich wirklich so empfindlich auf Kritik war, wie mir Hannes immer vorgehalten hat. Aber mein Bruder Heinrich, der nach mir (also ab 1969) das Werk geleitet hat, hatte die gleichen Probleme mit dem älteren

Bruder. Er hat es ebenfalls nur zwei Jahre ausgehalten, obwohl er in dieser Zeit sehr viel geleistet hat. Das Schwörer-Haus wäre ohne seine große Energie, weitere gute Fachkräfte anzuwerben, nicht auf diese Zahlen gekommen."

Ein Stück gilt auch, dass Arturs dann folgende ungeheure Arbeitsleistung beim Auf- und Ausbau des PERI-Werkes nicht ohne den Blick nach Oberstetten zu deuten ist. Der Jüngere, der Gekränkte, der von sich Überzeugte will es den Geschwistern da oben auf der Schwäbischen Alb zeigen. Und das gelingt ihm in den kommenden Jahren auch nachdrücklich. „Er war das Genie in der Familie", wird Hannes Schwörer Jahrzehnte später in seinen Erinnerungen fair und mit Respekt einräumen.

Aufbruch in Weißenhorn

Der berufliche Neuanfang ruht auf einer materiell überaus bescheidenen Basis. Um den Konflikt nicht in einen hässlichen, öffentlichen und betriebsintern schädlichen Streit ausufern zu lassen, gibt sich Artur mit einer von Hannes Schwörer festgelegten Auszahlung in Höhe von 350 000 DM zufrieden. Angesichts der für die Schwörer KG geleisteten und besonders der für die Fertighausproduktion so erfolgreichen Arbeit Arturs ist das eine lächerliche Summe. Bis zu seinem Ausscheiden ist die Struktur für einen erfolgreichen Verkauf der von ihm entwickelten Fertighäuser geschaffen. 1968 haben die Schwörers bereits 70 Häuser verkauft, und 1973 werden es über 300 Häuser sein. „Dies ist eine Erfolgsserie, die ihresgleichen sucht", hält Artur in seinen Notizen fest. Aber Hannes „hatte mir keinerlei Abfindung für meine 5-prozentige Beteiligung an der Schwörer KG zugestanden, und ich habe auch nicht darum gekämpft". Es kommt noch schlimmer: „Von den 350 000 DM wurden mir dann die mitgenommenen gebrauchten Maschinen abgerechnet, die ich später im Jahr 1969 übernommen habe. Am Ende waren nur noch 95 000 DM in bar übrig."

Artur plant, in Ulm ein Ingenieurbüro zu eröffnen, das kleinere und mittelständische Betriebe mit Blick auf notwendige Rationalisierungen und beim Aufbau neuer Produktionswege beraten soll. Das Ehepaar mietet in Thalfingen bei Ulm eine neu gebaute Doppelhaushälfte. „Wir waren hoch motiviert und hatten keine Angst vor der Zukunft. Christl sagte: ‚Ich gehe mit dir auch in ein Mauseloch, wenn es sein muss.' Der Umzug ging spontan bei Nacht und Nebel vonstatten. Wir waren glücklich und glaubten an uns." Der jüngste Sohn Marco erinnert später daran, dass es besonders für die Mutter aber auch schwere Monate gewesen sind: „Mit Thalfingen verbinde ich aus Erzählungen, dass zur selben Zeit meine Großmutter Liselotte Baeuerle schwer krank war und starb. In dieser Zeit lagen für meine Eltern Glück und Unglück sehr nahe beieinander. Mein Vater muss so etwas wie ein Fels in der Brandung gewesen sein, der trotz seiner riesigen beruflichen Herausforderungen für meine Mutter und deren Familie da war."

Ein kleiner psychologischer Rückhalt ist eine Vereinbarung mit Hannes Schwörer, dass Artur der Fertighausfirma noch beratend zur Seite stehen soll. „Wir hatten sogar ein Honorar dafür vereinbart." Angesichts des raschen Erfolges mit seinen neuen Unternehmungen kommt es allerdings nicht mehr dazu. Die Trennung von Oberstetten erweist sich als endgültig.

Arturs erstes eigenes Büro liegt gegenüber vom Ulmer Bahnhof. Damals nannten die Einheimischen das Gebäude, in dem der Jungunternehmer sich im obersten Stockwerk eingemietet hatte, das Hamburg-Mannheimer-Haus. „Es war ein Großraumbüro plus Einzelbüro im 4. Stock. Christl und ich kauften unsere erste Schreibmaschine bei Abele in Ulm. Am Anfang hatte ich zwei Mitarbeiter." Christl erinnert sich: „Wir hatten nichts außer einem Schreibtisch und vielen Schachteln."

Schon nach wenigen Wochen wachsen Arturs Zweifel, ob ihn mit der Leitung eines Ingenieurbüros eine ausgefüllte berufliche Zukunft erwartet. „In den ersten vier Wochen ist in mir die Überzeugung gereift: Ich bin nicht geeignet für Beratung, ich muss etwas produzieren." Bereits in seinen Oberstetter Jahren hatte er einen Schalungsträger entwickelt, der in kleinen Stückzahlen produziert werden sollte. Die Ulmer Firma Molfenter, an der Christls Familie beteiligt ist, verkauft erfolgreich Schalungsplatten und Zubehör an die Baubranche. Sie zeigt Interesse an dem Vertrieb von Arturs Produkt, weil ein Träger gut in das Molfenter-Sortiment passt. Nach Gesprächen mit dem Molfenter Geschäftsführer Edwin Liebau entschließt sich Artur, den von ihm entwickelten Träger in größerem Umfang zu produzieren und durch deren Vertreter verkaufen zu lassen.

Die Entscheidung, vom ursprünglich geplanten Beratungsbüro zum Aufbau eines Produktionsbetriebes zu wechseln, hängt indirekt mit dem in den Sechzigerjahren beachtlichen Erfolg der Sigmaringer Firma Steidle zusammen. „Man sah immer die Lkws mit Steidle-Trägern fahren." Artur hatte Hannes im Jahr 1963 vorgeschlagen, ein entsprechendes eigenes Modell zu entwickeln und zu verkaufen. Er weist den Bruder mit seiner Idee auf ein für den Gebäudebau unverzichtbares Produkt hin. Schalung ist die Form, in die auf Baustellen der Beton gegossen wird und die wieder demontiert wird, sobald der Beton hart und tragfähig ist. Ein Schalungsträger ist dabei der Teil der Schalung, der die beim Abbinden entstehenden Kräfte aufnimmt und so die Schalung stabilisiert. Angesichts des sich in den 1960er-Jahren abzeichnenden weltweiten Baubooms kann auf die Hersteller solcher Träger ein überaus zukunftsträchtiges Geschäft warten.

Als die Entwicklungspläne abgeschlossen werden, entschieden sich die Schwörer-Brüder gegen eine Produktion und beschließen dafür, Fertighäuser herzustellen. Nach der Trennung greift Artur wieder auf seine sechs Jahre zuvor entwickelten Pläne zurück. „Ich glaubte damals, dass ich mit meinem geringen Kapital nicht Fertighäuser bauen könnte, schon aber Schalungsträger." Später wird er diese Ansicht korrigieren. Eine entsprechende Produktion, so muss er in den nächsten Jahren erkennen, braucht wesentlich mehr Kapital als das Fertighausgeschäft. Der Grund: Die Kunden von Fertighäusern zahlen in der Regel im Voraus, während die Käufer von Schalungen sich mit der Begleichung der PERI-Rechnungen Zeit lassen.

Zunächst plant Artur, eine im mittelschwäbischen, zu Bayern gehörenden und 22 Kilometer südöstlich von Ulm angesiedelten Städtchen Weißenhorn (damals rund 10 000 Einwohner) liegende, leer stehende Halle der Firma Molfenter zu mieten. Der Anwalt, der einen entsprechenden Mietvertrag abschließen soll, rät nach ersten Verhandlungen ab: „Die Firma ist ein schwieriger Fall. Die streiten seit Jahren. Das würde ich nicht tun, da reden zu viele mit." Bei seinen ersten Planungen hat Artur den Weißenhorner Bürgermeister Baur kennengelernt, der ihm ein 6 000 Quadratmeter großes Grundstück zum Kauf anbietet. Im Stadtrat meint ein Mitglied bei der Diskussion über die neue Industrieansiedlung: „Das wird nichts, Steidle (für Artur zunächst der stärkste regionale Konkurrent) ist viel zu mächtig." Dieser Zweifler aber wird zwei Jahre später PERI-Mitarbeiter sein.

Der Unternehmensgründer auf dem freien Feld, auf dem bald die ersten PERI-Hallen stehen werden

„Ich plante also, eine Trägerproduktion auf der grünen Wiese aufzubauen", schreibt Artur. „Wichtig war mir, dass ich das Firmengelände später auf das Doppelte vergrößern konnte." Obwohl die Gemeinde darin kein Problem sieht („Die Nachbarn sind alt und leben nicht mehr lang"), sollte sich die in späteren Jahren notwendige Flächenerweiterung als langwierig gestalten.

Den für die nächste Zukunft und den bald beschlossenen Aufbau einer eigenen Produktionsfirma wichtigsten Mitarbeiter findet Artur durch eine Anzeige in der Ulmer „Südwestpresse": Günther Bohatsch, ein auf Rationalisierungsfragen spezialisierter Ingenieur bei der Firma Bosch in Giengen. Er tritt am 1. April 1969 in die Dienste Arturs. Später erzählt Bohatsch: „Herr Schwörer war ein angenehmer, sympathischer Mensch – er hat mich irgendwie sogar fasziniert. Er war ein ausgesprochener Visionär und lebte für seine Visionen."

Günther Bohatsch, 1990

Arturs Stärken liegen in der Produktentwicklung. Günther Bohatsch ist ein glänzender Organisator. „Dies war eine tolle Arbeitsteilung", schwärmt Artur noch Jahrzehnte später. „Bohatsch hat sich voll und ganz auf den Ausbau und dann auf die Produktion konzentriert und ich mich auf die notwendigen Aktivitäten zum Verkauf." Artur überträgt dem ehemaligen Bosch-Ingenieur den Aufbau der ersten Weißenhorner Werkshallen und die Suche nach qualifiziertem Personal. Ostern 1969 kommen die Bagger, das Baugesuch wird erst ein halbes Jahr später eingereicht. Die Gemeinde aber ist glücklich, eine Unternehmensgründung verbuchen zu können, die neue Arbeitsplätze schafft. Schon nach wenigen Jahren wird das PERI-Werk der wichtigste Arbeitgeber in Weißenhorn sein und der Stadt durch die beachtlichen Steuereinnahmen zur Seite stehen. Also ist es verständlich, dass es beim verspätet eingereichten Bauantrag „beim Landratsamt keine Schwierigkeiten gab“.

Artur Schwörer vor der sich im Bau befindlichen ersten PERI-Produktionshalle

Nach knapp dreimonatiger Bauzeit steht die erste Halle, und die Maschinen werden installiert. Artur geht volles Risiko: Er kauft den Maschinenpark auf Wechsel. „Bei Hannes hatte ich viel über Finanzierungskunst gelernt, so auch den Kauf über Wechsel.“ Die Gründung der „PERI Werk Artur Schwörer KG“ findet im April 1969 statt und wird auf den 1. Januar 1969 vordatiert. Gesellschafter sind Christls Mutter, Liselotte Baeuerle, mit 40 Prozent und Artur mit 60 Prozent. Die Beteiligung von Arturs Schwiegermutter erklärt sich durch eine Bürgschaft in Höhe von 200 000 DM gegenüber der Bayerischen Vereinsbank, die sie angesichts der Liquiditätsengpässe beim Start übernimmt. Mitte 1969 produziert das Unternehmen die ersten Schalungsträger. Schon während der Errichtung der Werkshalle entwirft Artur in seinem Ulmer Büro die notwendigen Werbeprospekte.

Der Name des neuen Unternehmens wird „in einer feuchtfröhlichen Runde“ gefunden. Artur sucht einen attraktiven Firmennamen, der potenziellen Kunden gegenüber optimistisch-positive Produktsignale aussendet. „Stark“ oder „tragfähig“ wären Begriffe, die zum Entwickler und Hersteller von Schalungsträgern passen würden. Aber Artur muss konstatieren, dass „die meisten derartigen Begriffe schon besetzt waren“. Zudem sollte der Name griffig und kurz sein, „sodass er in den Fernschreibcode passt“. Der Fernschreiber ist im Vor-Internet-Zeitalter neben dem Telefon auch in der Wirtschaft der schnellste und damit ein unentbehrlicher Informationsvermittler. Der Name Schwörer hatte dafür zu viele Buchstaben, und „es hat mich eigentlich immer geärgert, dass man peri..., Peri... [gr.]: Vorsilbe mit der Bedeutung „um — herum, umher, über — hinaus“, z. B. peri-odisch, Peripherie

Namensfindung PERI im Lexikon

ihn nicht ausschreiben konnte“. Die Namenssucher hatten sich zum Geburtstag von Artur getroffen. Erst als der Gastgeber aus dem Bücherschrank einen Fremdwörter-Duden holt, kommt die Erleuchtung. Er stößt beim Blättern auf einen kurzen und prägnanten Namen. „Da stand der Name Peri vor mir, auch mit der Bedeutung, griechisch: um – herum‘. Damit hatten wir einen idealen Namen gefunden, der alle Bedingungen erfüllte. Wir dachten damals noch nicht an internationale Geschäfte, aber aus der heutigen Sicht war das ein guter Griff, weil der Name in allen Sprachen gut auszusprechen ist.“ Bei der Handelsregisteranmeldung kommt es zu einer Diskussion, da das Registergericht den Namen zunächst nicht akzeptieren will. „Aber die Industrie- und Handelskammer hat uns geholfen, weil wir versprachen, dass wir innerhalb von vier Jahren mindestens 10 Millionen DM Umsatz machen.“ Artur bleibt ein mutiger Vabanquespieler.

„Einen Business-Plan, so wie er heute verlangt wird, hatte ich nicht“, wird Artur im Rückblick berichten. „Aber ich habe ingenieursmäßig viel gerechnet, und vor allem glaubte ich daran, dass es mir gelingt. Und trotz des geringen Kapitals, das ich zur Verfügung hatte, glaubte auch meine junge Frau an mich, und dieses Gefühl war neu für mich. So viel Zuversicht und Glaube an mich gab mir eine unheimliche Kraft.“ Welchem psychologischen Druck sich Artur in der Zusammenarbeit mit den Brüdern über Jahre ausgesetzt gefühlt hat, macht eine spätere Anmerkung zu seinen PERI-Anfängen deutlich: „Es war keiner mehr da, der mir mit dilettantischer Kritik das Leben schwermachte.“

Der Jungunternehmer hat bereits in den Oberstetter Jahren viel Erfahrung in Fragen der Organisation und der Menschenführung sammeln können. Seine unmittelbare Vorbereitung beruht auf dem Studium der einschlägigen Literatur. „Im Jahr 1966 las ich das Buch ‚Sich selbst rationalisieren‘ von Gustav Großmann. Dieses Buch hat sehr zu meinem Selbstvertrauen beigetragen.“ Der Schriftsteller, Erfinder und Rationalisierungsfachmann Großmann (1893–1973) hatte in den Jahren des bundesdeutschen Wirtschaftswunders die viel diskutierte sogenannte Großmann-Methode

Auszüge aus der Logoentwicklung von 1969 bis heute

entwickelt. Im Ersten Weltkrieg schwer verwundet, entwarf er zunächst für sich selbst, dann als Lehrmethode einen Weg zur erfolgreichen Selbstverwirklichung und persönlichen Leistungssteigerung. „Seine Methode, ohne Nervosität und mit einer klaren Terminplanung Schritt um Schritt auf ein Ziel zuzugehen, hat mir geholfen", erzählt Artur seinem Sohn Marco. „Ich traute mir immer mehr zu, selbstständig unternehmerisch tätig zu werden. Sein Schüler Josef Hirt in Zürich hat dann diese Methode weiterentwickelt und gab mir so das Rüstzeug für meine Planungen und Entscheidungen."

Großmann, dessen Wege zu einem selbstbewussten und erfolgreichen Leben heute zum Allgemeingut der Psychologie gehören, vertrat die elitäre und nicht unumstrittene These, dass nur 2 Prozent der Bevölkerung zu den Begabten zu zählen seien. Wie immer solche Aussagen zu bewerten sein mögen, eine Veröffentlichung Großmanns aus den frühen 1930er-Jahren macht doch deutlich, wie sehr seine Methode und sein Denken einen ganz auf sich selbst und seinen Willen zum Aufstieg angewiesenen Menschen fesseln muss: „Am 4.4.1932 fing ich an, den Tagesplan zu führen. Gleichzeitig begann für mich ein anderes Leben. Ich bin wie umgewandelt. Nervosität kenne ich nicht mehr, Ermüdungserscheinungen sind wie weggeblasen und meine Krankheit auch. Ein Auftreten habe ich bekommen, ich kann Ihnen nicht sagen. Ich bin fast übermütig." Artur hatte sich in der Tat einen seelenverwandten „Lehrmeister" ausgesucht. In seinem Nachlass finden sich Großmann-Fragebögen aus dem Jahr 1966, in denen er sich intensiv einer Selbstbefragung stellt.

Artur Schwörer, 1986

Die enge Liquiditätssituation, die die PERI-Anfänge überschattet, ist für ihn natürlich ein großes Thema. Aber: „Es gab keinen Zweifel in mir, ich bin nur vorwärts auf mein Ziel hingegangen: Ich mache einen besseren Schalungsträger als die Konkurrenz, und meine zentrale Strategie – 5 Prozent besser zu sein als die Konkurrenz – habe ich weit überschritten. Schon im November 1968 meldete ich mein erstes Patent an: die ‚Verbindung im Knoten durch Keilzinken'." Auch wenn diese viele Jahre später formulierten Sätze vielleicht die großen Sorgen und Schwierigkeiten des Anfangs ein wenig verdrängen, sie treffen den optimistischen Willen, das gewachsene Zutrauen Arturs, den Erfolg zu erzwingen. Es werden noch viele Patentanmeldungen in den kommenden Jahren folgen.

Das Lebenswerk: PERI

Der Anfang ist bescheiden. Im Mai 1969 hat Günther Bohatsch im Auftrag Arturs vier Mitarbeiter eingestellt. Sie werden nach Oberstetten geschickt, um dort die Arbeit in einem Holzbetrieb kennenzulernen. Dann bauen sie in Weißenhorn ein Spänesilo und bringen die vom Bruder Hannes erworbenen – sich bald als nutzlos erweisenden – Maschinen in die neu errichtete Halle, um sie dort einzurichten. „Das Entladen und Aufstellen der Maschinen", so erinnert sich Günther Bohatsch, „bewerkstelligten wir mit Dielen, Hölzern, Rollen, Seilen, Hebeisen, Winden und Muskelkraft. Wir ließen die Maschinen seitlich vom Lkw abrutschen und zogen sie mit einem Bulldog auf Dielen durch den Bauschlamm der Halle."

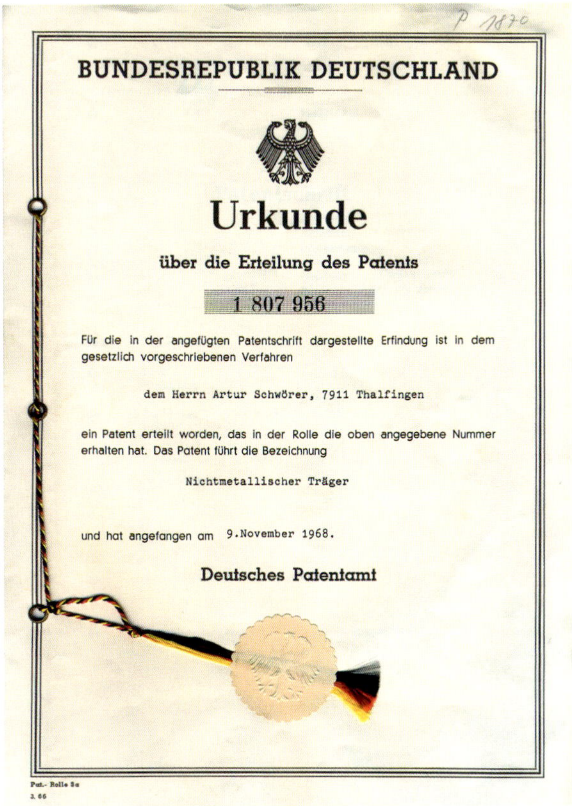
BUNDESREPUBLIK DEUTSCHLAND

Urkunde

über die Erteilung des Patents

1 807 956

Für die in der angefügten Patentschrift dargestellte Erfindung ist in dem gesetzlich vorgeschriebenen Verfahren

dem Herrn Artur Schwörer, 7911 Thalfingen

ein Patent erteilt worden, das in der Rolle die oben angegebene Nummer erhalten hat. Das Patent führt die Bezeichnung

Nichtmetallischer Träger

und hat angefangen am 9.November 1968.

Deutsches Patentamt

Es sind Pionierzeiten: „In dieser Anfangsphase brachten die Leute ihr eigenes Werkzeug von zu Hause mit, da es einfach noch nichts gab." Die ersten Träger werden im Juni 1969 produziert. „Teilweise halfen die eigenen Mitarbeiter beim Hallenbau mit." Die Seele des Unternehmens ist natürlich von Anbeginn an Artur. Neben seinem unternehmerischen Mut und seiner großen technischen Erfindungsgabe ist es nicht zuletzt sein Umgang mit den neu gewonnenen Mitarbeitern, der den Erfolg beflügelt.

Die schwäbische Welt ist so klein wie allerorts, wo Menschen zu Klatsch und Tratsch neigen. Die Trennung vom Oberstetter Familienunternehmen löst mannigfaltige Gerüchte aus. Seine Frau habe ihn nach Ulm geholt, oder „er hat Millionen mitbekommen", flüstern die verblüfften

Der von Artur Schwörer
entwickelte PERI-Träger ist
bis heute ein elementarer
Artikel im Produktprogramm

Neider und allwissenden Gerüchteschmiede. Artur reagiert souverän. „Nichts davon hat natürlich gestimmt. Aber ich hatte keine Zeit, wollte auch keinen Streit und habe überhaupt nichts dementiert."

Der Anfang braucht dringend Arturs Durchhaltewillen. Die Probleme entstehen nicht im Produktions-, sondern im Vertriebsbereich. „Am Ende des Jahres 1969 hatten wir den Hof voll mit Trägern, die nicht verkauft waren." Dieser Warenbestand bindet ein Kapital in Höhe von 455 000 DM. Für den knapp kalkulierten und teilweise auf Fremdkapital beruhenden Einstieg ist dies zweifellos eine schwierige Finanzsituation. Es gelingt der Firma Molfenter nicht, Arturs Träger erfolgreich zu verkaufen. Geschäftsführer Edwin Liebau schlägt vor, dass Molfenter sich bei PERI beteiligt, was Artur energisch ablehnt. „Ich habe mich gerade unabhängig gemacht, und dabei bleibt es."

Angesichts der dramatischen Lage entscheidet Artur sich, den Vertrieb in die eigenen Hände zu nehmen. Christl weiß in einem Vortrag über die PERI-Geschichte noch im Dezember 2009 von den schwierigen Anfangsmonaten zu berichten: „Man kann sich kaum vorstellen, dass PERI dieses erste Jahr überstanden hat. Die höchsten Bankzinsen seit vielen Jahren, der strengste Winter seit Langem und ein Partner, der verkaufen sollte und nicht verkauft hat. Alles auf Halde! War es Unvermögen, war es Boykott? Es ist müßig, darüber nachzudenken. Aber beinahe wäre das Pflänzchen PERI schon hier ‚verwelkt'. Mein Mann ließ solche Gedanken gar nicht erst aufkommen. Er blickte nach vorne und unternahm alles, um den Verkauf anzukurbeln."

Im Frühsommer 1970 wird Erich Brosch bei PERI-Vertriebsleiter. Seine Bewunderung für den Menschen und „Chef" Artur Schwörer ist auch über vierzig Jahre später nicht zu überhören: „Er war in seiner Art so überzeugend, dynamisch, rührig und voller Energie! Er war furchtlos, anders kann man es nicht sagen. Man musste einfach an ihn glauben, und man hatte das Gefühl, dass das, was er anpackte, auch erfolgreich sein wird. Mich beeindruckten seine Art und sein Auftreten zutiefst." Eine Wertschätzung auf Gegenseitigkeit hat sich da entwickelt. Artur schreibt in seinen autobiografischen Notizen: „Herr Brosch kam dann im Juni 1970 und war ein sehr positiver Geist in unserer kleinen Truppe. Immer wenn wir einen guten Auftrag holten, rief Herr Brosch die gute Meldung durch die Gänge in unserem kleinen Büro. Dies hat unsere hohe Motivation sehr gut unterstützt.“ Mit Erich Brosch plant Artur, einen eigenen Vertrieb aufzubauen und seinen Verkauf nicht mehr über die Firma Molfenter laufen zu lassen. Jahrzehnte später wird dieser wichtige Helfer erzählen: „Artur Schwörer und ich setzten uns zusammen, analysierten die Vertriebsleute von Molfenter und diskutierten, mit wem wir künftig noch zusammenarbeiten wollten. Meine Aufgabe war es, die uns als geeignet erschienenen Vertreter von Molfenter abzuwerben und für PERI zu gewinnen.“ Voraussetzung für die Übernahme der Vertriebsleute durch PERI ist, dass Artur sich verpflichtet, auch den Verkauf und den Vertrieb der neu auf den Markt gekommenen Steckrahmenschalung von Molfenter zu übernehmen. Dies ist eine Bedingung, die die Außendienstmitarbeiter an PERI stellen. Es gelingt im ersten Jahr, einen Umsatz von 560 000 DM zu machen. Das unbefriedigende Jahresergebnis liegt bei einem Verlust in Höhe von 180 000 DM. Diese Zahl kommt erst auf Arturs Schreibtisch, als die ersten sehr erfolgreichen Abschlüsse im Jahr 1971 gemacht sind. So bleibt zum Glück keine Zeit für pessimistische Grübeleien.

„Und dann ging ich raus zum Verkaufen“, erinnert sich Erich Brosch. „Mit ein paar Trägermusterstücken im Kofferraum reiste ich jeden Montag los, um in ganz Deutschland Interesse für unser Produkt zu wecken. Das Schöne für mich daran war: Artur Schwörer hatte keine große Erfahrung im Vertrieb und ließ mich daher einfach machen. Es gab zu Beginn auch keine konkreten Ziele oder Umsatzvorgaben. Sicherlich hatte Artur Schwörer gewisse Vorstellungen. Der größere Druck aber kam eigentlich von der Produktion in Weißenhorn.“ Lagerbestände abbauen, Herstellungskosten wieder hereinholen, Mittel für neue Investitionen erwirtschaften – das sind die vorrangigen Aufgaben, die für das junge Unternehmen zu lösen sind.

Ein Glücksfall wird die Zusammenarbeit mit der Schweizer Firma Cobe, die Anfang 1970 zustande kommt. Sie bildet für das um seine Existenz ringende Weißenhorner Werk eine wichtige

Skizze des überlangen PERI-Trägers T70V

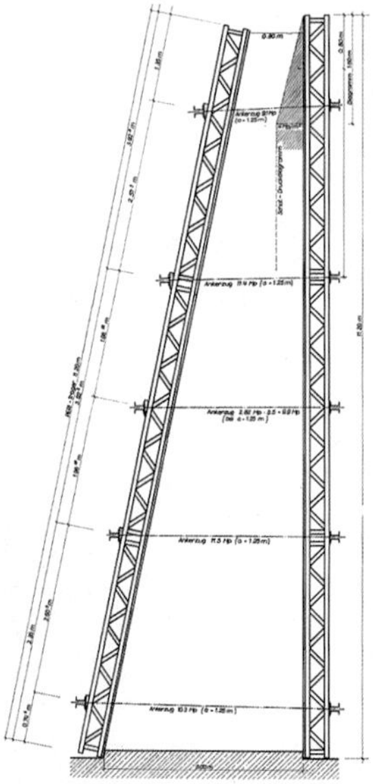

Grundlage für den Weg nach oben. Die Schweizer stellen Schalungen mit Vollwandträgern her, die sie mit sogenannten Longarinen (Stahlriegeln) zu Elementen verbinden. Diese Träger sind für einen Großauftrag nicht geeignet, den Cobe für den Bau eines Schiffshebewerkes in Scharnebeck bei Lüneburg akquiriert hat. In ihrer Not nehmen die Schweizer Kontakt zu den Weißenhornern auf. „Herr Schwörer, wir brauchen Ihren Träger." Artur lässt sich das Projekt erklären. Es zeigt sich, dass die notwendigen Trägerelemente, die eine Höhe von 11,40 Meter haben, wegen der für die Höhe benötigten Bandagen für das Umsetzen mit dem Kran zu schwer werden. „Damals war es noch üblich, mehrere Träger miteinander zu koppeln. Durch die dabei notwendigen Überlappungen ergab sich natürlich ein ziemliches Mehrgewicht. Dieses spielte bei dem Schiffshebewerk eine entscheidende Rolle." Arturs Lösung: „Um die Überlappungen zu vermeiden, machen wir den Träger aus einem Stück." Innerhalb weniger Tage entsteht eine entsprechende Vorrichtung für die Herstellung und werden „die Träger mit bis zu 15 Meter Länge aus drei Trägerlängen mit Keilzinkung verleimt". Der überlange PERI-Träger – genannt Himmelstürmer – ist geboren.

Die Entwicklung dieses Trägers weist auf ein Vorgehen hin, das sich in den kommenden Jahren ständig wiederholen wird. Artur, der Erfinder, wird immer wieder neue Schalungsideen und daraus folgend auch neue Herstellungsverfahren entwickeln, wenn PERI mit Aufträgen konfrontiert wird, die mit den hergebrachten Produktangeboten nicht optimal zu lösen sind. Erst verkauft, dann entwickelt, dann produziert – dies ist die oft angewendete Vorgehensweise im Unternehmen. Der Erfolg, der sich in den nächsten Jahren in wachsenden Umsätzen und einer ständig steigenden Zahl von PERI-Mitarbeitern widerspiegelt, beruht neben den betriebswirtschaftlichen Komponenten in erster Linie auf Arturs technischem Verstand und seiner fantasievollen Suche nach praktischen Lösungen. Gemeinsam mit seinem kleinen, aber sehr effizient arbeitenden technischen Team entwickelt er immer wieder neue Details für die PERI-Schalungssysteme. Sie sind die Antwort auf komplizierte Kundenwünsche, außergewöhnliche Forderungen der Architekten und Bauherren von Großprojekten.

Prospekte für den PERI-Träger – „Himmelstürmer"

Brücken und gigantische Hochhäuser werden bald ebenso dazugehören wie Kirchen und Hotels, deren Formästhetik beim Bau häufig Schwierigkeiten bereitet. Ein Geheimnis von Arturs Erfolg ist diese nie ermüdende Bereitschaft zu technischen Innovationen, die PERI schließlich zum Marktführer aufsteigen lässt.

Mit dem Lüneburger Projekt kann das Unternehmen seinen ersten Großauftrag verbuchen. Zwanzig Jahre nach der Eröffnung des Schiffshebewerks heißt es in einem Zeitungsbericht: „Ein Jahrhundertwerk aus Stahl und Beton feiert heute Geburtstag. Auf den Tag genau vor Zwanzig Jahren, am 5. Dezember 1975, weihte ein bunt geflaggter Schiffskonvoi das Doppelschiffshebewerk in Scharnebeck ein. Reibungslos bewältigen die weißen Fahrgastschiffe, die Zollboote und die Frachtkähne in den beiden 100 Meter langen Trögen den 38 Meter tiefen Auf- und Abstieg. Gleichzeitig wurde mit der Inbetriebnahme das 17 Kilometer lange Teilstück des Kanals zwischen Artlenburg und Lüneburg freigegeben. Inzwischen ist die Wasserstraße, die die Elbe mit dem Mittellandkanal verbindet, zu einem wichtigen Verkehrsträger im weitverästelten europäischen Binnenwasserstraßennetz geworden. Mehr als 220 000 Güterschiffe nutzten in den vergangenen zwanzig Jahren den 115 Kilometer langen Elbe-Seiten-Kanal und damit das Schiffshebewerk in Scharnebeck.“ Die Lieferung von Schalungsträgern für dieses imposante Bauwerk bringt für Artur Schwörer den geschäftlichen Durchbruch. Christl Schwörer erinnert sich: „Das Schiffshebewerk Lüneburg war wirklich ein Anstoß in der PERI-Geschichte – wie ein Steinchen, das man ins Wasser

Das Schiffshebewerk Lüneburg im Bau

wirft, und die kleinen Kreise, die dann entstehen, werden immer größer. So hatten wir von uns reden gemacht, sind ein bisschen bekannt geworden durch eine superneue Konstruktion."

Über diesen Auftrag kommt es zudem auch zu einer folgenreichen personellen Verbindung. Den Kontakt zur Firma Cobe hatte Dieter Klaiss, ein Mitarbeiter des Schweizer Unternehmens, hergestellt. Artur ist von ihm begeistert, und nach längeren Verhandlungen wirbt er ihn ab. „Hier trafen zwei geniale schwäbische Erfinder aufeinander", schwärmt Erich Brosch. Vor seiner Festanstellung wird Klaiss zunächst als freier Vertreter für PERI tätig und übernimmt Anfang der 1970er-Jahre das erste Büro, das das Unternehmen in Stuttgart eröffnet. „Dieter Klaiss war ein für alle größeren Projekte in Deutschland geeigneter Außendienstmann", hält Artur später fest. „Er hat auch maßgeblich an der Entwicklung unserer Schalungssysteme mitgewirkt. Dies im sogenannten A-Team, in dem wir mit einer Mannschaft zwischen fünf und sieben Mann an Weiterentwicklungen in der Schalungstechnik getüftelt haben."

Ein konstruktives Duo:
Artur Schwörer und Dieter Klaiss –
nah am Kunden, von Anfang an

Hauptkonkurrent für PERI ist das schon lange auf dem Markt für Schalungsträger überaus erfolgreiche Sigmaringer Familienunternehmen Emil Steidle. Aber auch das auf Schalungstechnik spezialisierte österreichische Unternehmen Doka (Umdasch-Gruppe) und das in den 1920er-Jahren in Essen gegründete Unternehmen Hünnebeck sind gut etabliert, und ihre scheinbare Übermacht müsste einen Marktneuling eigentlich mutlos werden lassen. Aber Artur kennt weder Furcht noch mangelndes Selbstvertrauen in sein technisches Können. Steidle und Doka erhalten beim Großprojekt Lüneburg von den Baufirmen der einzelnen Teilabschnitte (Lose) ebenfalls Aufträge für die Lieferung von Schalungen. Aber bald zeigt sich, dass der stärkere PERI-Träger eine sehr hohe Maßgenauigkeit bietet und daher den Trägern der Mitwettbewerber überlegen ist.

Konkurrenzkämpfe werden nicht immer mit dem Florett geführt. So wird PERI beispielsweise während der Münchner Baumaschinenmesse (Bauma) 1971 mit einer einstweiligen Verfügung des Landgerichts München konfrontiert, beantragt von der Leitung der Firma Steidle. In einem Schalungshandbuch für die Besucher der Bauma hatte Artur mit der Beschreibung „Unerreicht preisgünstig bezogen auf die Tragfähigkeit" für seine Produkte geworben. „Die Post wollte mir diese einstweilige Verfügung in meinem Ulmer Büro zustellen. Aber ich war auf der Messe in München, und der Postbote ist wieder gegangen, sodass ich die Verfügung erst nach der Bauma erhalten habe." PERI nimmt die Sache leicht, macht kleine Aufkleber für das Handbuch, in dem der Satz geändert wird. „Für Steidle war dies eine große Sache. Er erzählte seinen Außendienstleuten, er habe einen großen Prozess gegen uns gewonnen." Artur klagt gegen die Verfügung und obsiegt nach fünf Jahren. Es kommt immer wieder zu Patentprozessen – Artur gewinnt sie alle.

Selbst bei der Materialprüfanstalt in Stuttgart wird sein Unternehmen angeschwärzt. Das hat zur Folge, dass die monatlichen Probeentnahmen und die dann folgenden Versuche mit höchster Genauigkeit durchgeführt werden. Diese Untersuchungen bestätigen aber stets die von den Weißenhorner Mitarbeitern angegebenen hohen Tragfähigkeiten der PERI-Träger. Einmal macht ein An-

Erster Messeauftritt auf der Bauma 1970 von PERI, noch gemeinsam mit der Firma Molfenter

Im Fachgespräch auf der Hannover-Messe 1972: Hans Frohn, Erich Brosch, Karl-Heinz Böning (v. l. n. r.)

gehöriger der Ulmer Kriminalpolizei den erstaunten PERI-Chef darauf aufmerksam, dass seine Aktivitäten von einer Detektei überwacht würden und man ihn wahrscheinlich abhöre. Christl Schwörer berichtet später: „Wir fühlten uns wie in einer schlechten Fernsehserie und konnten kaum glauben, in welche ‚Wirtschaftswelt' wir brave, unbedarfte Kämpfer da gerutscht waren."

In seinen Notizen berichtet Artur auch von einem „Überläufer", dessen Schlosserei als Subunternehmer Systemteile für PERI herstellt und der zu Steidle wechselt. Dabei verkauft er dem Konkurrenten die von PERI entwickelten und von ihm hergestellten Stahlteile. Er baut sie eins zu eins für den neuen Kunden und geht dabei sogar so weit, dass er die roten PERI-Teile mit der neuen Hausfarbe von Steidle blau lackiert. Man schenkt sich nichts, jedoch wird PERI in den nächsten Jahren den Sigmaringer Konkurrenten deutlich überflügeln. Aber in den schwierigen Anfangszeiten sind solche Versuche der Konkurrenz, den neuen Mitbewerber zu vernichten, von existenzieller Bedeutung.

Bereits beim Lüneburger Auftrag für das Schiffshebewerk kämpfen beide Unternehmen um einen möglichst großen Anteil an den benötigten Schalungsträgern. „Herr Steidle persönlich", erzählt Artur später, „hat auf der Baustelle alles versucht, um PERI herauszuhalten. Er verkündete, er mache jeden Preis, aber PERI darf nicht den Auftrag bekommen. Aber die bessere technische

Lösung hat die Bauleute überzeugt." Die Bauunternehmen, die den Auftrag für das Schiffshebewerk haben, müssen eine sehr hohe Maßgenauigkeit garantieren, damit sich der Schiffstrog zwischen den Wänden auf und ab bewegen lässt. Während der Konkurrent Träger anbietet, die als Deckungsschalungsträger konzipiert worden sind, d. h. also eine beidseitige Überhöhung und keine geraden Seiten haben, überzeugt Artur den Auftraggeber unter anderem mit einem Träger, der an einer Seite gerade geformt und auf der anderen Seite nur ganz leicht überhöht ist. Diese höhere Maßgenauigkeit, die dadurch gewährleistet wird, ist auch der Grund, warum der stärkere Träger von PERI dem der Konkurrenz überlegen war.

Die Münchner Baumaschinenmesse (Bauma) im Frühjahr und auch in den ersten Jahren (bis 1973) die Hannover-Messe sind damals die wichtigsten Verkaufsmessen für die Bauindustrie. Bald übernimmt jedoch die Bauma die Vorreiterrolle und wird weltweit zur größten Messe für die Bauindustrie. Sie findet bis 1973 jährlich

Bauma-Team 1971

statt und nach einer Unterbrechung von vier Jahren startet sie 1977 neu mit einem Rhythmus von jetzt drei Jahren. „Wir hatten einen schönen Stand in der Halle, und da wir uns von den anderen Wettbewerbern abheben wollten, haben wir eine Diaschau über unsere Projekte zusammengestellt. Die Schau wurde in einem Container gezeigt und ist der absolute Renner bei den Messen. Aber nicht nur dort. Die Diaschau wurde auf Reisen geschickt, um Kunden zu überzeugen." Artur ist schon in den Oberstetter Jahren zu einem leidenschaftlichen Fotografen geworden und macht sehr gute Bilder, besonders auch von den neuen PERI-Produkten. „Ich erinnere mich", sagt Christl Schwörer, „wie er sich extra eine tolle Kamera kaufte und Bücher zum Studium des Fotografierens, um gute Bilder von den Fertighäusern zu machen." Erich Brosch erzählt später: „Wir erstellten ganz auf den Kunden abgestimmte individuelle, lehrreiche Diaserien. Interessierte sich ein Kunde für den Brückenbau, gab es eine spezielle Brückenbauserie. Wollte ein Kunde eine normale Wandschalung sehen, präsentierte ihm PERI dafür entsprechende Bilder und Skizzen. Ich sehe noch, wie Herr Schwörer und seine Frau Christl oft in der Nacht vor der Bauma oder der Hannover-Messe zusammensaßen und gemeinsam die Diaserie zusammenstellten." Der Kampf um Kunden gerät gelegentlich zum verbalen Faustkampf: „Hierbei ging es oft hoch her, denn unsere Mitbewerber versuchten, die Diaveranstaltungen zu sabotieren, und setzten manchmal regelrechte Störenfriede in die Versammlungen. Aber letztlich haben unsere technischen Argumente immer überzeugt."

Das erste PERI-Handbuch

Noch wichtiger für die PERI-Werbung wird das von Artur mit einem kleinen Team entwickelte Handbuch, das über die Angebote des Unternehmens informiert. Die Idee für einen solchen Werbeträger wird bei der Arbeit an den Diaserien geboren. Es erscheint erstmals 1971. Das Handbuch erweist sich als geschickter und überaus erfolgreicher Werbeschachzug. „So etwas hatte es bis dahin auf dem Schalungsmarkt noch nicht gegeben", berichtet Erich Brosch. „Einzelprospekte ja, so ein umfassendes Werk aber, mit guten Farbfotos, einem Tabellenwerk und Arbeitsanleitungen, das war eine echte Sensation.“ Auch Artur hält dieses wichtige Ereignis in der frühen PERI-Geschichte fest: „Unser Höhepunkt war damals das erste Schalungshandbuch. Ich hatte einen Stapel mit rund 3000 Exemplaren auf dem Stand ausliegen. Diese waren noch nicht bezahlt. Ich hatte damals kein Geld dafür und finanzierte die Herstellung mit einem Wechsel, den der Lieferant akzeptierte.“ Die Mitarbeiter werden vom „Chef“ ermahnt: „Verteilt so gut und so oft und so viel, wie ihr könnt. Es nutzt nur was, wenn es bei den Leuten ist. Nicht, wenn's bei euch im Schrank verstaubt.“ Das Handbuch stößt bei den Fachbesuchern auf starkes Interesse. Während alle anderen Messeanbieter ihre Angebote in Schwarz-Weiß-Abbildungen darstellen, „habe ich als Einziger mit Farbfotos gearbeitet. Es dauerte eine Zeit, bis die Konkurrenten dies nachholten“.

In den kommenden Jahren nehmen Artur und seine Mitarbeiter die großen Messen als eine permanente Herausforderung. „Es war auch unser Konzept, von Anbeginn an bis heute, unsere Kunden und Gäste auf unserem Stand besonders freundlich willkommen zu heißen und ihnen auch dadurch zu zeigen, wie wichtig uns ihre Probleme und ihre technischen Anliegen sind. Wir haben versucht, uns auch hierbei von unseren Konkurrenten abzusetzen, indem wir kulinarische Besonderheiten geboten haben: bayerische Weißwürste in Hannover (extra frisch angeliefert), Gitter-

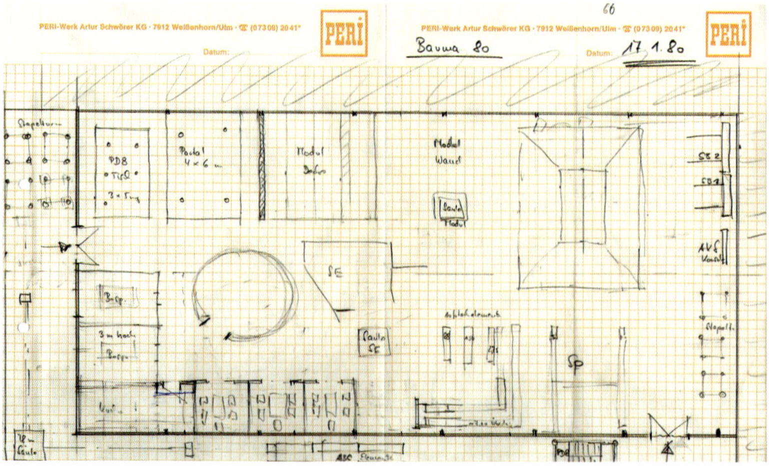

Plankonzept der Bauma 1980
von Artur Schwörer

Artur und Christl Schwörer auf der Bauma 1998

träger oder einen Keil aus Brezelteig zum Bier oder ein besonders gutes Schmankerl zum Essen, damit man gesättigt und mit einem guten Gefühl beim Gedanken an PERI weitergeht" (Christl Schwörer).

Die Bauma 1971 und die Hannover-Messe 1971 bringen für Artur in Verbindung mit dem Lüneburger Auftrag die Wende zum Erfolg. Der Name PERI ist danach zumindest in der süddeutschen Bauindustrie eine feste Größe.

Der Weg nach oben

Es folgen über vierzig Jahre eines nahezu beispiellosen Erfolges des Unternehmers Artur Schwörer und seiner Mitarbeiter. „In kleinen Schritten denken", wird Artur 2001 in einem Zeitungsgespräch einmal über eines seiner Geschäftsprinzipien sagen. Es sei kein sehr gutes Ziel, schon am Anfang an das große Geld zu denken. „Qualität liefern und den Kunden in den Mittelpunkt stellen", so müsse die Devise lauten. Er wird diesem Denken treu bleiben. Werner Handvest, auch er Mitarbeiter der ersten Stunde, hält ein weiteres Geschäftsprinzip Arturs fest: „Die Vorgabe von Herrn Schwörer war grundsätzlich, der Vertrieb macht die Termine, und die Produktion hat diese zu erfüllen. Dies war nicht immer einfach, aber zurückblickend stimmt zumindest die Regel: ‚Der Schnelle frisst den Langsamen.' PERI war mit neuen Produkten und Lösungen immer an vorderster Front dabei und dem Wettbewerber ein Quäntchen voraus."

Die Entwicklung des PERI-Werks durch die Jahrzehnte

1973

1976

Das Betriebsgelände in Weißenhorn wird in den kommenden Jahren unter teilweise langwierigen Verhandlungen mit Anwohnern und der Stadt erweitert. Auf den zugekauften Flächen, die bald auch auf der anderen Seite der Rudolf-Diesel-Straße liegen, entstehen neue Produktions- und Lagerhallen, in denen der Maschinenpark wächst, und es werden dort Parkplätze für Mitarbeiter und Kunden gebaut. 1971 entstehen die Hallen 2 und 3 und ein Bürogebäude. 1976 folgen die Hallen 4 und 5, und PERI lässt seine erste EDV-Anlage einrichten. Lange währt der Kampf um die Privatisierung einer öffentlichen Straße, die sich auf dem erweiterten Betriebsgelände befindet und den täglichen Produktionsfluss (die Gabelstapler müssen Zulassungspapiere der Straßenbehörden vorweisen) erschwert. Artur glaubt schon nicht mehr, dass sich PERI in dieser Frage durchsetzen kann, während Christian Schwörer weiter um eine positive Lösung ringt. Die Eingliederung der Straße in das Werksgelände im Jahr 2011 erlebt Artur nicht mehr.

PERI gründet zunächst in Deutschland, dann auch im Ausland neue Verkaufsbüros. In den ersten Jahren arbeitet das Unternehmen überwiegend mit freien Handelsvertretern, die auf Provisionsbasis abrechnen. Kontakte zu Holzhändlern – etwa in

1980

1992

Frechen bei Köln oder in Gladbeck –, denen PERI eigene Verkaufsingenieure zur Seite stellt, erweisen sich in der frühen Jahren als idealer Vertriebsweg. Im süddeutschen Raum dagegen arbeitet PERI von Beginn an mit fest angestellten Außendienstmitarbeitern. Das Geld für die Gründung größerer Niederlassungen fehlt im ersten PERI-Jahrzehnt. Im Grunde sind die Verkaufs- und Ingenieurbüros (VIBs) mit Außendienstmitarbeitern und Technikern kleinere Niederlassungen, die an verschiedenen Orten für das Mutterunternehmen arbeiten. Bald finden sie sich in Stuttgart, München, Berlin und Hamburg, in Nürnberg, Düsseldorf und Frankfurt. In den 1970er- und 1980er-Jahren entstehen auch im Ausland Verkaufsbüros, Niederlassungen oder Tochterfirmen: in der Schweiz und in Frankreich, in Belgien und in den Niederlanden, in Spanien, Italien, Norwegen und Großbritannien. Schon 1976 gibt es die ersten Exportaktivitäten in Richtung Saudi-Arabien, und ab 1980 tritt PERI auf dem asiatischen Markt auf. 1984 eröffnet mit dem Büro in den USA die erste PERI-Tochtergesellschaft außerhalb Europas ihre Tore. Nach der Wiedervereinigung gibt es schnell Niederlassungen in Dresden, Magdeburg, Leipzig und Erfurt. 1991 folgen Joint Ventures in Polen und Singapur.

2003

2016

Das Entwicklungsteam tagt, 1992 (rechts: Artur Schwörer)

Von Anbeginn an bezieht PERI das Holz für seine Träger aus Skandinavien, hauptsächlich aus Schweden. Da der Bedarf an Holz und Schalungsplatten ständig steigt, wird ein eigenes Gleis zum Werk gelegt. Anfang der 1980er-Jahre entscheidet sich PERI für ein weiteres Vertriebssystem und bietet seinen Kunden neben dem Kauf auch die Miete seiner Schalungsgeräte an. Artur folgt damit einigen Mitbewerbern, die dieses Mietverfahren bereits eingeführt haben, das in der Bauindustrie zunehmend gefordert wird. Liegt der Mietanteil anfangs bei 10 bis 20 Prozent des Umsatzes, so werden heute etwa 50 Prozent mit dem Mietgeschäft erwirtschaftet. Den bisherigen VIBs werden Lagerplätze angegliedert, und sie werden zu großen Niederlassungen ausgebaut.

PERI erweitert rasch seine Produktpalette. Das Unternehmen bietet seinen Kunden unter anderem Wand-, Säulen- und Deckenschalungen an, Klettergerüste, Selbstkletterschalungen, Traggerüste, Decken- und Richtstützen. Von Anfang an setzt PERI auf Systemschalung: Träger in Verbindung mit Stahlriegeln oder eine Stahlrahmenschalung. Die Basis dieser STERA genannten Schalung ist ein Stahlrahmen mit einer fest eingefügten finnischen Sperrholzplatte. Artur entwickelt die STERA weiter und bringt im Jahr 1986 die TRIO Rahmenschalung auf den Markt. Sie wird eines der erfolgreichsten Produkte der Unternehmensgeschichte. Der ursprüngliche Träger T 70V (V steht für verstärkt) wird 1984 durch den neuen Holzgitterträger GT 24 ersetzt. 1989 folgt die Einführung des ACS Selbstklettersystems. Mit seiner Deckenschalung MODUL und dem Nachfolger SKYDECK (1992) bietet PERI erstmals Systemgeräte aus Aluminium auf dem Schalungsmarkt an. Hinzu kommt die Aluminiumstütze MULTIPROP, die starke Lasten trägt und dennoch leicht und handlich bleibt. 1998 entwickelt das Unternehmen das PERI UP Gerüstsystem und startet damit seine Aktivitäten auf dem Gerüstmarkt. Ein weiterer Meilenstein ist die Einführung der MAXIMO im Jahr 2007 als Weiterentwicklung der erfolgreichen TRIO.

Betrug der Umsatz 1969 noch (umgerechnet) 0,3 Millionen Euro, klettert er bis 1975 auf 11 Millionen Euro und erreicht 1985 52 Millionen Euro. Die Wiedervereinigung, deren Chancen Artur angesichts des baulichen Zustandes der ehemaligen DDR-Städte und des wirtschaftlichen Nachholbedarfs in den neuen Bundesländern sofort erkennt, bringt den Durchbruch zu neuen Größenordnungen. Bereits auf der ersten PERI-Verkaufstagung nach der Wende ist eine schlagkräftige Vertriebsmannschaft für die neuen Bundesländer mit an Bord. In der Zeit des Baubooms in der neuen Hauptstadt liegt zeitweise PERI-Mietmaterial im Wert von bis zu 35 Millionen Euro auf den verschiedenen Baustellen in und um Berlin. 1995 liegt der Umsatz bei 252 Millionen Euro, im Jahr 2000 bei 430 Millionen. Vor der großen Baukrise, die 2009 – das Todes-

PERI-Tochtergesellschaften: Polen und Kanada

jahr von Artur – einsetzt, übersteigt der PERI-Umsatz 2007 erstmals die Milliardenmarke und erreicht im Jahr 2008 1,228 Milliarden Euro. Diese Entwicklung schlägt sich natürlich auch in der Zahl der Mitarbeiter nieder. Zwölf PERI-Angestellte, Techniker oder Arbeiter gibt es im Jahr 1969. Sechs Jahre später sind es 120, 1990 dann 750, und 1994 hat sich diese Zahl verdoppelt. 2009 arbeiten 5 385 Menschen für PERI.

Präsentation der SKYDECK, 1992

In diesen Jahrzehnten entstehen nicht nur in Deutschland, sondern bald auch im Ausland zahlreiche Großbauten, die mithilfe von PERI-Schalungen errichtet werden. „Von Deutschland allein kann man nicht überleben", wird Artur rückblickend im April 2001 in einem Gespräch mit der „Neu-Ulmer Zeitung" sagen. In der Baubranche sei man zu großen Schwankungen ausgesetzt. „1995 hatten wir in Deutschland noch 350 Millionen Mark Umsatz, nur fünf Jahre später verbuchten wir einen Rückgang auf 215 Millionen Mark." Diese Zahlen wären für eine Firma ohne Auslandsaktivitäten „absolut tödlich". Durch das Auslandsgeschäft aber habe PERI damals trotz eines schwierigen Inlandsmarktes ein gesamtes Umsatzplus von 23 Prozent erzielt. Artur betont jedoch dabei, dass bei der Produktion der PERI-Schalungssysteme „95 Prozent in Weißenhorn hergestellt" werden.

Die PERI-Großbauten reichen vom Kernkraftwerk Gösgen in der Schweiz (1974) und dem Bundeswehrkrankenhaus in Ulm (1975) über das KKW Gundremmingen (1977), den Atatürk-Staudamm in der Türkei (1985), die Öresund-Verbindung Dänemark–Schweden (1994), die Petronas Towers in Kuala Lumpur (1998), den Japan-Pavillon auf der Weltausstellung in Hannover (2000), das Berliner Bundeskanzleramt (2002) und das Viaduc de Millau

Familie Schwörer auf der Baustelle des Bundeskanzleramtes in Berlin, Deutschland, 2002

mit dem höchsten Brückenpfeiler der Welt in Frankreich (2003) bis zum Mercedes-Benz-Museum in Stuttgart (2005) und zum Torre Agbar in Spanien (2005). Nicht mehr erleben wird Artur die Fertigstellung eines Jahrhundertwerkes, den Ausbau der Schleusenanlagen im Panama-Kanal (2011–2015), deren massive Wände mit PERI-Schalung errichtet werden. Ein Tüftler aus dem kleinen Oberstetten auf der Schwäbischen Alb hat in vier Jahrzehnten der Welt der Bauindustrie seinen Stempel aufgedrückt.

Nach seinem Tod überwindet PERI – die beiden älteren Söhne Arturs haben gemeinsam mit einem Geschäftsführer die Leitung des Unternehmens übernommen – eine schwere, weltweite Bau- und Finanzkrise. Im Jahr 2015 beschäftigt das schwäbische Unternehmen weltweit 7700 Mitarbeiter und erwirtschaftet einen Umsatz von 1,3 Milliarden Euro.

Torre Agbar,
Barcelona, Spanien,
2005

Mercedes-Benz-Museum, Stuttgart, Deutschland, 2005

Baustelle Viaduc de Millau, Frankreich, 2003

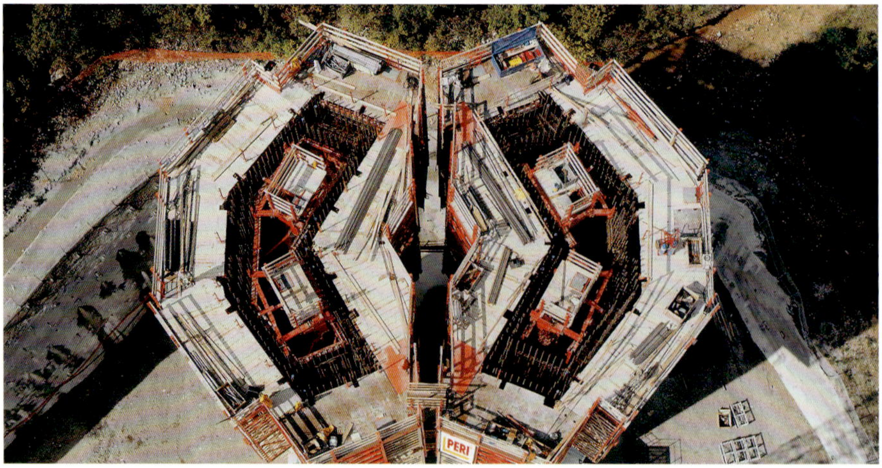

Die bisher größte Baustelle mit PERI-Material: Ausbau der Schleusenanlagen im Panama-Kanal, 2011–2015

Artur Schwörer an seinem
66. Geburtstag im Jahr 1999

Ein Familienbetrieb

PERI ist ein Familienbetrieb. Die Firmenphilosophie Arturs beruht auf dieser Tatsache. In seinen jährlichen Reden auf Weihnachtsfeiern oder auf den Betriebsversammlungen des Unternehmens zieht er vor der Belegschaft nicht nur eine Leistungsbilanz für das abgelaufene Jahr, sondern betont immer wieder den „familiären" Gemeinschaftsgeist, der aus seiner Sicht einen wichtigen Anteil am Erfolg hat. Mit der Begrüßung „Liebe PERI-Großfamilie" oder „Liebe PERIaner und PERIanerinnen" leitet er viele seiner Jahresreden ein. Das Sommerfest 1991 eröffnet er mit den für ihn typischen Sätzen: „In unserer Belegschaft ist heute eine große Anzahl Mitarbeiter und Mitarbeiterinnen mit ihren Angehörigen, die zum ersten Mal mit uns feiern. Diejenigen, die schon länger dabei sind, Sie wissen ja, dass wir eine Tradition darin haben, nach erfolgreicher, harter Arbeit von Zeit zu Zeit zu feiern – nicht immer so groß wie zum zwanzigjährigen, aber in der Regel so wie heute. Dass wir morgen den Tag der offenen Tür haben, ist Ihnen sicher bekannt, und ich darf Sie und Ihre Familien zu diesem Frühschoppen und zu der Gelegenheit, Ihren Angehörigen das Werk zu zeigen, herzlich einladen. Viel Spaß und einen frohen und schönen Abend!"

Artur wird im Laufe der PERI-Jahre ein Patriarch, der nicht vergisst, wem er seinen Erfolg verdankt. „Ich weiß", ruft er seinen Mitarbeitern auf einer Betriebsversammlung zu, „dass gerade Sie in diesen letzten zwanzig Monaten ganz extrem gefordert waren und dass Ihre Leistung die Steigerungsraten erst möglich machte." Beim Betriebsjubiläum zum zwanzigjährigen Bestehen hält er fest: „Alle unsere PERIaner aus dem Ausland waren mit uns eine Familie, und alle waren sie begeistert. Ich weiß, dass bei unseren Höchstleistungen viele von Ihnen viele Stunden Ihres Privatlebens für die Erfolge unseres Unternehmens geopfert haben und dass manche unter uns wirklich bis zur Erschöpfung gekämpft haben. Ich möchte Ihnen allen für den hohen Einsatz, den Sie Tag für Tag bringen, für Ihren Teamgeist, bis hinein in die Familien, meinen besonderen Dank aussprechen." Weihnachten 1989, dramatische politische Monate liegen hinter dem Land, sagt Artur: „Im Miteinander, im Teamgeist wie bisher sind wir auch in Zukunft stark."

Aber da die Zahl der Mitarbeiter im Laufe der Jahre stark wächst, wird es für den PERI-Chef nicht einfacher, das Gefühl des „familiären" Miteinanders im Betrieb, von dem ehemalige PERI-Angehörige noch heute im Gespräch schwärmen, aufrechtzuerhalten. Nicht ohne Nostalgie erinnert Artur in mancher seiner Ansprachen an die Jahre des Anfangs: „Ich denke wehmütig an die früheren Zeiten, wo ich noch jeden persönlich kannte. Wir haben aber so viele neue, nette Mitarbeiterinnen und Mitarbeiter, und es tut mir leid, dass meine Zeit neben all meinen Verpflichtungen nicht ausreicht, um sie alle näher und persönlich kennenzulernen. Trotzdem lege ich großen Wert auf eine menschliche, persönliche und freudige Atmosphäre in unserem Unternehmen."

Artur feiert mit sichtbarer Freude die Betriebsfeste, die zum Jahresende oder auch gelegentlich in den Sommermonaten in Weißenhorn veranstaltet werden. Er legt großen Wert auf die Ausgestaltung, die Bewirtung und den vergnüglichen Ablauf solcher Stunden. In seiner Ehefrau Christl findet er auch in diesen Dingen eine vergnügte und fantasievolle Helferin.

Natürlich steht der Arbeitsalltag in diesen Jahren im Zentrum von Arturs Leben. Wenn er nicht auf Geschäfts- oder Privatreisen ist, kommt er morgens gegen neun Uhr ins Büro. Seine Sekretärin Martina Wickert weiß zu berichten, dass der „Chef" nie „aufbrausend, hektisch oder laut" auftrat und – wenn möglich – jederzeit für alle ansprechbar war. Artur, der Tüftler, richtet sich auch seinen Arbeitsplatz nach eigenen Ideen ein. Er konstruiert ein Gestell für sein Telefon, in dem auch ein Notizblock (das Format des PERI-Notizblocks hat Artur ebenfalls selbst bestimmt) und ein Taschenrechner ihren Platz finden, und lässt es in Plexiglas herstellen. Der von ihm entworfene Papierkorb ist aus Holz und fasst große Mengen an Altpapier, ohne dass es zerknüllt werden muss. Bleistifte, Radiergummi und Farbstifte müssen immer sofort zur Hand sein, und ein von ihm selbst ausgedachtes Ablagesystem steht ihm hilfreich zur Seite. Häufig nutzt er ein Diktiergerät und bleibt ein interessierter Beobachter neuer technischer Entwicklungen. Zuletzt schickt er die von ihm diktierten Briefe und sonstigen Texte als Dateien auf den PC seiner Sekretärin. Im neuen Bürogebäude lässt er 1998 einen Aufzug bauen, der von seiner persönlichen Garage direkt zu seinem Büro hinaufführt. Aber, so erzählt seine Sekretärin, „die Mitarbeiter scheinen immer gespürt zu haben, wann er im Haus ist". Er neigt dazu, Termine zu überziehen, weil ihn das Thema fesselt, das er mit Kunden oder Mitarbeitern diskutiert. Wenn die Zeit es erlaubt, fährt er zum Mittagessen in das nahe Wullenstetten. Nicht selten erreicht das Büro ein Telefonanruf der Ehefrau Christl, die die Essenszeit anmahnt.

Auch zu Hause ruht die Arbeit nicht. Häufig bringt Artur Skizzen und Entwürfe für Produktdetails mit ins Büro, die er im Wullenstetter Haus angefertigt hat. Marco Schwörer erzählt: „Ich erinnere mich an sehr viele schöne Stunden zu Hause, in denen mein Vater in seinem Arbeitszimmer saß. Die Tür war immer offen, sodass er als Hintergrundgeräusch seine Familie hörte. Ich leistete ihm gerne Gesellschaft. Wenn man ihn dann etwas fragte, war er freundlich, aber sagte nur irgendetwas, weil er in seine Gedanken vertieft war. ‚Wann wollen wir essen?' Die Antwort meines Vaters: ‚Ja.' Er hörte auch gerne meinen Bruder Christian und mich Klavier spielen, während er in seinem Büro arbeitete." Die zu Hause entwickelten Gedanken und Skizzen diskutiert Artur anschließend mit den Mitarbeitern seiner Entwicklungsabteilung. „Diese Besprechungen waren teilweise sehr lebhaft, um es vorsichtig auszudrücken", erzählt Werner Handvest. „Es ging in der Regel um neue Produkte, um deren Anwendung und um neue Lösungen. Die Meinungen waren nicht immer übereinstimmend, sodass um jede Frage gerungen werden musste. Die Kollegen entwickelten ein sehr unterschiedliches Temperament, und Herr Schwörer wurde dabei nicht geschont. Es ging um die Sache."

Ein bürgerliches Leben

Das Haus in Wullenstetten

Bilder rechts:
Artur mit seinen Kindern Alexander, Christian, Marco und Nathalie

Jenseits von PERI ist es ein bürgerliches Leben, das Artur und seine bald sechsköpfige Familie führen. Mit dem Erfolg des Unternehmens wächst der private Wohlstand, was ihm und seinen Angehörigen ein unabhängiges Leben und die Erfüllung vieler Wünsche ermöglicht. Die Ehe ist glücklich, nicht zuletzt auch, weil die temperamentvolle Christl und der ruhige, auch in den „privaten" Stunden immer mit seinem Lebenswerk beschäftigte Artur sich wunderbar ergänzen. 1972 entdeckt er in dem kleinen Ort Wullenstetten ein großes, damals noch recht einsam gelegenes Grundstück. Die Landschaft erinnert ihn ein wenig an die so geliebte Schwäbische Alb. Er baut ein großzügiges Haus und findet seine neue Heimat.

Vier Kinder werden geboren. Im Haus von Christl und Artur Schwörer leben seit den frühen Ehejahren und nach dem Tod von Christls Eltern eine fünfzehn Jahre jüngere Schwester von Christl und eine von den Eltern Baeuerle angenommene Tochter. Bis zu ihrem Tod gehört auch eine alte Tante aus Christls Familie zum wachsenden Haushalt. Für Artur, so berichtet später seine Witwe,

oben: Artur und Christl Schwörer 2006

unten: Familie Schwörer im Skiurlaub 1992

sei es eine Selbstverständlichkeit gewesen, sich auch um diese von Einsamkeit bedrohten Mitglieder aus der Familie seiner Frau zu kümmern, sie im eigenen Haus als Familienmitglieder aufzunehmen. In Wullenstetten hat er sich seine Burg gebaut und eingerichtet, hat er seine Ideale vom Leben als Bürger verwirklicht, hat er die Menschen um sich geschart, die ihm Ruhe und Bequemlichkeit geben.

Skifahren, Segeln und Golfen – mit unterschiedlicher Intensität füllen diese Sportarten seine Freizeit aus. Den Wintersport betreibt er seit Jugendtagen. Das Segeln – von dem noch gesprochen werden muss – wird zu einer großen Leidenschaft. Den Golfplatz besucht er seiner Frau zuliebe, und sein Handicap bleibt im Dunkel der Geschichte verborgen. Der Sport begründet manche Männerfreundschaft oder Geschäftsbeziehung, und Artur feiert gerne nach wilden Skiabfahrten, aufregenden Segelregatten oder für ihn persönlich nicht sehr erfolgreichen Golfturnieren an der Hotelbar, im Lindauer Segler-Club oder im Ulmer Golf-Club Illerrieden. Die Musik begleitet ihn weiterhin, auch wenn die Zeit zum Klavierspielen für den vor immer größeren Anforderungen stehenden Manager knapper wird. Regelmäßig besuchen Christl und Artur jedoch die Münchner Oper. Sie lieben die gemeinsamen Tage in der Metropole, das ungebundene Bummeln und Einkaufen.

Einen besonderen Stellenwert im Leben des Ehepaares nehmen die vielen Reisen ein, die sie zunächst zu zweit und dann mit den Kindern unternehmen. Schon vor der Hochzeit besuchen sie 1966 Paris. Die Hochzeitsreise verbringen sie auf einem neuen Segelboot, mit dem sie den von beiden geliebten Bodensee umrunden. „Die schönsten Reisen mit meinem Mann waren für uns beide die kurzen Ausflüge, die wir fast jedes Jahr an unserem Hochzeitstag unternahmen“, erzählt Christl Schwörer. Sie führen nach

Rom und Venedig, an die Côte d'Azur und andere schöne Orte Europas. Später folgen die vielen Urlaubsreisen mit den Kindern – Kreta, Mallorca, Andalusien, Sardinien. Artur ist besonders von Sardinien begeistert. Im Nordosten der Insel, an der Costa Smeralda, liegt der kleine Küstenort Porto Cervo. Den Segler Artur fasziniert die Regattaszene, die er dort beobachten kann. Mithilfe seiner Söhne lässt er seinen 30er-Schärenkreuzer vom Bodensee ans Mittelmeer transportieren und segelt vor Porto Cervo eine Regatta mit. Das Mittelmeer ist für Artur ein Seglerparadies. Christl erzählt später, dass sie „am Ende der Saison einige Jahre eine Woche lang mit großer Freude und Begeisterung die Regatta ‚Les Voiles de Saint-Tropez' mitsegelten". Auch den alle vier Jahre vor den Küsten Schwedens stattfindenden Europa-Cup segelt Artur begeistert als Regattasegler der 30er mit.

Die Acrissa II im Wettkampf vor Porto Cervo

Beide sind enthusiastische und gute Skifahrer. Viele Jahre lang machen sie einen mehrwöchigen Winterurlaub am Arlberg. Dem schließt sich häufig in den Faschingsferien eine Reise mit den Kindern an, die sie zu anderen Wintersportorten in den Alpen führt.

In den Sommermonaten ist die Familie oft in Lindau. Weißenhorn und PERI sind – wenn notwendig – leicht erreichbar, und der Stadt im Dreiländereck Deutschland – Schweiz – Österreich gilt Arturs besondere Liebe. Sein wundervoll ausgebautes Haus am Segelhafen gewinnt besonders in seinen letzten schweren Jahren eine große Bedeutung für ihn. Der Segler-Club ist die Heimat seiner Boote, und der Bodensee spiegelt an den Sommerabenden die leicht schwankenden Bootsmasten, und in ferner Nähe glühen die Alpenmassive.

Die großen gemeinsamen Reisen sind häufig mit Geschäftsterminen verbunden. Als Christl sich im Januar 1981 beim Skifahren den Oberarm bricht und damit der geplante

Gemeinsam verbrachte Urlaubstage in Japan, 1988

Winterurlaub am Arlberg ausfallen muss, fliegt das Ehepaar gemeinsam nach Kalifornien. Christl soll sich erholen, und Artur will den amerikanischen Baumarkt studieren. „Wir fuhren mit offenen Augen für jede Baustelle, jedes Material, jeden Bauvorgang und jede Technik durch Kalifornien" (Christl Schwörer). Eine Mischung aus Geschäfts- und Privatreisen werden in den 1980er-Jahren auch die Flüge nach Hongkong und Japan oder nach Malaysia, Südkorea und Indonesien.

Artur hat längst die Enge der Schwäbischen Alb durchbrochen. Die PERI-Jahre führen ihn hinaus in die Welt, zu den zahlreichen Firmenstandorten und fernen Baustellen. „Mein Mann war sehr neugierig und wollte gerne Neues kennenlernen. Oft war ich mit dabei, und wir hatten dann auch die Gelegenheit, uns ein wenig die Landschaften und Städte anzuschauen oder ins Theater zu gehen. Immer war es uns wichtig, auch – soweit es die knappe Freizeit zuließ – noch Privates bei diesen Reisen einfließen zu lassen."

Eine besondere Freude für das Ehepaar sind die Abiturreisen mit den drei Söhnen. Nach bestandenem Examen kann sich jeder ein Reiseziel wählen, das er alleine mit seinen Eltern besuchen darf. Alexander wählt die Nationalparks in den USA, Christian Italien, Marco Frankreich und Italien. Als die Tochter Nathalie Abitur macht, ist Artur schon zu krank, und die Mutter reist später alleine mit ihr zum Wunschziel Argentinien.

Große Väter können eine nur schwer zu überwindende Last werden. Franz Kafka schreibt in einem – nie abgesandten – Brief an den Vater: „Ich sage natürlich nicht, dass ich das, was ich bin, nur durch Deine Einwirkung geworden bin. ... Nur eben als Vater warst Du zu stark für mich." Solche verzweifelten Bekenntnisse finden wir nicht nur in Künstlerfamilien, sondern auch bei Kindern und Erben bedeutender Pioniere und Unternehmensgründer der Wirtschaft. Die Wirtschaftsgeschichte erzählt immer wieder von Familienbetrieben und -unternehmen, die in der zweiten oder dritten Generation zugrunde gegangen sind, weil den Nachkommen die Kraft, die Disziplin und der Leistungswille fehlte, die die

Fundamente für den Erfolg ihrer Gründer bildeten. Dies nicht zuletzt, weil sie häufig am Über-Ich ihrer meist egomanischen Erfolgsväter zerbrochen sind oder der materielle Segen, der ihr Leben dank ihrer Herkunft begleitete, zum Fluch ausschlug.

Artur Schwörers Kinder, materiell und familiär behütet aufgewachsen, sprechen mit großem Respekt und ungekünstelter Bewunderung von ihrem Vater. Was nicht heißt, dass sie auf ihrer Lebenssuche nicht die Last und die Herausforderung verspüren, die eine Persönlichkeit wie Artur nahezu automatisch darstellt. Als der Unternehmensgründer stirbt, kämpft seine Firma mit einer schweren, weltweiten Bau- und Finanzkrise. Starke Umsatzeinbußen, zähes Ringen um Aufträge, Zukunftssorgen der Mitarbeiter sind die Folgen. PERI hat zum Zeitpunkt des Todes seines Gründers eine Größenordnung erreicht, die neue, vom wachsenden Druck der Hausbanken unabhängige Finanzstrategien und Organisationsstrukturen erfordert, die Artur in seinen von Krankheit gezeichneten letzten Lebensjahren nicht mehr in ihrer ganzen Dimension erkannt hat. Es ist eine für den Bestand des Unternehmens bedrohliche Zeit. Die beiden ältesten Söhne, Alexander und Christian Schwörer, sind schon als Geschäftsführer tätig, aber große Erfahrung als leitende Manager besitzen sie nicht. Für beide ist der Tod des Vaters ein tiefer Schock. Sie müssen in schwierigsten persönlichen und geschäftlichen Momenten gemeinsam mit einem von außen gekommenen Geschäftsführer das Unternehmensschiff ohne das Gewicht des Vaters durch die Untiefen dieser Krise steuern. Es ist für die jungen Nachfolger vielleicht so etwas wie ihre Gesellenprüfung gewesen, die sie mit großem und am Ende erfolgreichem Einsatz bestehen. PERI kann mit der geglückten Überwindung der Krise zu neuen Produktions- und Umsatzufern aufbrechen.

Auch die beiden jüngeren Geschwister Marco und Nathalie lassen im Gespräch erkennen, welche Geborgenheit, welche Kraft ihnen ihre Eltern gegeben haben. Es scheint also, dass Artur nicht „zu stark" für seine Kinder gewesen ist. Im Gegenteil, sie haben sich allen Schwierigkeiten des „Hineingeborenseins" zum Trotz als eigenständige und – soweit wir das sein können – freie Persönlichkeiten gezeigt. Heute stellt Arturs Familie die Mehrheit in einem

Beirat, der hochprofessionell arbeitet und auch psychologisch den Zusamenhalt der Unternehmerfamilie begleitet und Sachkonflikte, die leicht zu persönlichen Verwerfungen führen könnten, einvernehmlich zu überwinden bemüht ist. Bis heute ist das PERI-Werk im hundertprozentigen Besitz von Arturs Witwe und seinen vier Kindern.

Familie Schwörer, 2000

Alle Schwörer-Kinder haben ihre Schul- und Studienausbildung zuverlässig durchlaufen und mit Erfolg beendet. Die Liebe zur Musik oder zum Segeln, zum Skilaufen und zur Architektur haben sie aus dem Elternhaus mitgenommen. Spricht man heute mit ihnen über ihre Kindheit und Jugend, so begegnen dem Frager – das mag ein subjektives Urteil sein – sympathische Erwachsene, die mit selbstsicherer, nachdenklicher und liebevoller Zurückhaltung von ihrem Vater erzählen. Es verwundert nicht, dass ihr Denken um PERI kreist. Seit Kindertagen dreht sich vieles im Wullenstetter Alltag um das Unternehmen. Arturs ausgeprägter Familiensinn – „ihr müsst immer zusammenhalten" – hat bei seinen Kindern Spuren hinterlassen. Der Anspruch, das Werk des Vaters einmal weiterzuführen, bleibt ein Begleiter des Lebens der Kinder. Ohne dass Artur es ausspricht oder gar fordert. Aber der Mann, der einst selbst ausgebrochen ist aus den vorgeschriebenen Familienbahnen seines Elternhauses und für den die freie Entscheidung über das eigene Wirken eine zentrale Lebensforderung ist, sieht es wohl als folgerichtig an, dass seine Kinder sein Werk nach seinem Tod übernehmen, familiäre Gemeinsamkeit und nicht Zwist ihr Leben begleitet. Die Gefahren, die hinter solchen unausgesprochenen Zukunftsplänen lauern, wenn nicht schon früh und klar die Weichen für die Nachfolge gestellt werden, hat der Optimist Artur nicht gesehen oder doch verdrängt. Es war ein Glücksfall, und es ist ein Verdienst der Witwe und der Kinder, dass dies bisher weitgehend folgenlos geblieben ist.

Es wird die üblichen familiären Loslösungsprozesse gegeben haben, die nicht ohne Auseinandersetzungen vonstattengehen. Der Vater kann zu ironischen Bemerkungen neigen, vor allem wenn die regelbewusste Ehefrau und Mutter auf Ordnung hält und von Pflichten spricht. Keiner im Hause der Wullenstetter Schwörers berichtet aber von großen, zerstörenden Generationskonflikten, die so viele Familien entzweien. Artur ist nicht nur ein humorvoller Mensch, sondern alles in allem ein toleranter Vater, der selten die Nerven verliert, wenn die Jugend mit dem ihr zustehenden und herausfordernden Leichtsinn die Welt interpretiert. Was auch nur in sehr gemäßigter Form geschieht. Die Schwörer-Kinder hatten keine Sehnsucht nach grünen Haaren, Ohrringen und Springerstiefeln. Wäre es so gewesen, die häuslichen Debatten hätten sicherlich eine andere Lautstärke erreicht. Der Vater ist stolz auf seine Kinder. Mit einem der Söhne im Vier-Mann-Bootsteam auf einer Segelregatta um den Sieg zu ringen oder mit den Kindern auf der Skipiste zu stehen – solche Augenblicke gehören zu seinen glücklichsten Stunden.

Das Lindauer Haus

Arturs heimliche Liebe gilt seit seinen frühen Lebensjahren der Architektur. Aus seiner Kindheit ist ein Notenblatt für seine Klavierübungen erhalten geblieben, auf dem er mit kindlicher Krakelschrift als Berufswunsch „Archidekt" geschrieben hat. Die Vorstellung, Häuser zu entwerfen und zu bauen, hat er immer wieder einmal als mögliche Alternative zu seinem Unternehmerleben erträumt. Er führt leidenschaftliche Diskussionen mit seinen Architekten, streitet mit ihnen, lässt Entwürfe immer wieder neu zeichnen, zahlt manches Lehrgeld, lässt aber nie ab von diesem Willen, zu gestalten und zu bauen. Wie erzählt, lässt er sich in Wullenstetten auf dem weiten, den Blick ins Land freigebenden Grundstück ein großzügiges Landhaus hinstellen, in dem die bald wachsende Familie ihr Zuhause findet.

In seinen letzten Lebensjahrzehnten fesseln ihn die Sanierung und der Umbau eines 1983 erworbenes Hauses am Brettermarkt 10 in Lindau, dessen Fundamente aus dem 15. Jahrhundert stammen. Das Haus wurde als solides, massives Steingebäude von der Binderzunft errichtet. Die Bürgerschaft der im 13. Jahrhundert zur freien Reichsstadt aufgestiegenen Kommune am Bodensee war durch den Handel mit Korn und Salz wohlhabend geworden. Die besondere Stellung der Stadt im Deutschland des späten Mittelalters zeigte sich auch in den Jahren 1496 und 1497, als Lindau Treffpunkt eines von Kaiser Maximilian I. einberufenen Reichstags wurde, der im Rathaus tagte. Es ging dabei – wie in den vorausgegangenen Reichstagen von Worms und Frankfurt – um Geld (für Maximilians Kriegsabenteuer) und Macht (der Ewige Landfriede beendete das Fehderecht und stärkte das Gewaltmonopol des Staates). Die Pest, die ab 1500 auf den Wegen des Fernhandels den Schwäbischen Reichskreis erreichte, brachte dann auch Lindau eine fürchterliche, den Wohlstand vieler seiner Bürger vernichtende Pestepidemie.

Im Laufe der Jahrhunderte war das Haus am Hafen nicht nur Zunftgebäude, sondern auch Salzlager und bot Vorratsräume für viele weitere Waren. Mit dem Abstieg der Binderzunft und ihrer Mitglieder wurde das zweigeschossige Gebäude Ende des 19. Jahrhunderts teilweise abgerissen. Lediglich das Untergeschoss und die Außenwände der Keller blieben erhalten. Diese stabile Grundkonstruktion bildete das Fundament für den Neubau, der 1902 fertiggestellt und durch einen weiteren Flügel (Brettermarkt 8) erweitert wurde. Der Neubau diente als Offizierscasino, und seine Räume wurden bis 1972 für Feste oder Tagungen genutzt.

Viele Jahre beschäftigt sich Artur mit diesem von ihm geliebten Projekt. Er beauftragt zwei Architekturbüros mit dem Umbau und begleitet deren Arbeiten mit großem Engagement. Im Zuge des Umbaus kommt es immer wieder zu Auseinandersetzungen mit den Denkmalpflegern. Artur hat jedoch feste Vorstellungen von der Neugestaltung des Gebäudes, und er setzt sie zäh und bestimmt bei den Genehmigungsbehörden der Stadt Lindau durch.

Artur liebt Lindau und seit seinen Jugendjahren den Bodensee. Zu Füßen des Hauses befindet sich der hübsche Segelhafen, in dem auch seine Boote liegen. Er greift also zu, als das Gebäude vom Finanzbauamt Kempten, das für die Region Schwaben in Sachen Immobilien zuständig ist, angeboten wird. Fast zehn Jahre dauert die Umsetzung der Neuplanung. Artur will ursprünglich das obere Stockwerk des Hauses für sich nutzen und in den unteren Ebenen Mietwohnungen einbauen. Rasch ist den Architekten und dem Eigentümer jedoch klar, dass sich die schönen und

Artur Schwörer vor dem „Forum am See“ in Lindau (ehemals Offizierscasino) während des Umbaus

Kirschbaumsaal im „Forum am See", bestuhlt für ein Konzert

hohen Räumlichkeiten, die allesamt unter Denkmalschutz stehen, für die Nutzung als Mietwohnungen nicht eignen. Vollends überzeugt Artur die Bemerkung eines Freundes, dass er doch nicht wolle, dass fremde Leute unter ihm wohnen. Das heutige Haus dient als Domizil der Familie Schwörer. Ein großer, restaurierter Saal im Obergeschoss wird für öffentliche Veranstaltungen oder PERI-Seminare genutzt. Im Erdgeschoss befinden sich Tagungsräume mit einer Küche und sanitären Räumen.

Arturs Lindauer Haus wird bald zu einer Stätte der Begegnung für begabte junge Musiker. Anlässlich seines 66. Geburtstages wird das Haus feierlich wiedereröffnet, und Christl schenkt ihrem Mann einen Steinway-Konzertflügel. Das Einspielen des Instruments hat der Leiter des Internationalen Konzertvereins Bodensee, Peter Vogel, übernommen. Immer auf der Suche nach Sponsoren für seinen Verein, gewinnt er den Musikliebhaber und wohlhabenden Unternehmer Artur ohne besondere Überredungskünste dafür, junge, hochbegabte Pianisten zu fördern und zu unterstützen. Unter Leitung des bekannten Musikpädagogen Karl-Heinz Kämmerling (1930–2012) – er organisiert Meisterkurse in Europa, Asien und in den USA – finden in dem Lindauer Haus bald jährlich zu Ostern Klavierkurse für junge Pianisten statt, die Artur finanziert. Die Kurse sind öffentlich. Bald wechseln sich jährlich Klavierkurse mit Violin-Meisterkursen ab. Diese werden von Boris Kuschnir, ebenfalls ein bedeutender Musiklehrer und Solist, durchgeführt.

Artur hängt an dem Haus. Er kümmert sich sehr persönlich darum, dass die bis zu fünfzig jungen Musiker während der Kurse gut versorgt sind und die vielen Veranstaltungen – unterschiedliche Konzerte, Neujahrsmatinen, Veranstaltungen zum Musikpreis der Rotary-Jugend, Lange Nacht der Musik (eine Idee von Artur) – für die Besucher zu einem besonderen Ereignis werden. Er ist auch in Lindau immer ein fürsorglicher Gastgeber. Wenn ihm die Dekoration für eine öffentliche Veranstaltung in den Sälen seines Hauses nicht gefällt, greift er ein. Als einmal rote Windlichtgläser die Räume schmücken, lässt er sie noch kurz vor Beginn der Veranstaltung mit der Bemerkung „sieht aus wie auf dem Friedhof" entfernen. Ein üppiger Blumenschmuck auf den Tischen ist ihm „zu viel Gestrüpp", und er muss verschlankt werden.

Artur sucht gerne das Gespräch mit den jungen Musikern, fragt sie, ob sie gut untergebracht sind und ihnen das Essen schmeckt. Wann immer seine Zeit es zulässt, besucht er „seine" Lindauer Konzerte. Auf der Galerie ist stets ein Platz für ihn reserviert. Er wechselt aber gerne einmal auf einen anderen Sitz, um sich von der Sicht- und Hörqualität der „billigeren" Plätze zu überzeugen. Der große Musikliebhaber und -förderer hat immer auch ein Auge auf die Atmosphäre, die sein Haus den Gästen bei den öffentlichen Veranstaltungen bietet.

Artur ist seit 2004 Vorsitzender der Klassen-Vereinigung der 30er-Schärenkreuzer. Die Vorstandssitzungen finden regelmäßig im Lindauer Haus statt. Seine Hausdame erzählt, dass seinem Wunsch entsprechend immer Pellkartoffeln mit Kräuterquark, verschiedene geräucherte und eingelegte Fische, Holzofenbrot – das stets bei einem bestimmten Bäcker gekauft werden muss –, Käse und geräucherter Schinken gereicht werden. „Die Essensportionen durften nicht zu knapp sein, es musste immer ein großzügiger Rest übrig bleiben. Änderungen der gereichten Speisen bei diesen Veranstaltungen konnte er nicht leiden."

Das „Forum am See"

Als die tödliche Krankheit langsam, aber unaufhaltsam fortschreitet, werden Lindau und das herrliche Haus immer mehr zum Rückzugsort. Durch ein riesiges Panoramafenster fällt der Blick über die Weiten des Bodensees hinüber auf die österreichischen Alpen. Unten, nur wenige Meter vom Haus entfernt, liegt das elegante eigene Holzboot der 30er-Schärenkreuzer-Klasse, das er sich von einem Bootsbauer auf der Insel Reichenau hat bauen lassen und mit dem er seine geliebten Regatten bestreitet. So großzügig das Bodensee-Haus auch ist, bei seinen im letzten Lebensjahrzehnt immer häufiger gewählten Aufenthalten in dieser Stadt liebt sein Besitzer das einfache, anonyme Leben, wie er es aus seiner Kindheit auf der Schwäbischen Alb kennt. Einkaufen auf dem Lindauer Markt, Freude am Kochen oder am Gespräch über das „einfache" Essen mit seiner Haushälterin, das Glas Wein mit der Ehefrau, einem der Kinder, einem Freund – am Lebensende wächst die Erinnerung an die verlorene Zeit der frühen Jugend.

Mit der Sanierung des Hauses hat Artur der historischen Uferansicht Lindaus ein Schmuckstück geschaffen. Es ist nach seinem Tod im Familienbesitz geblieben. Als „Forum am See" sind die repräsentativen Gesellschaftsräume heute Tagungsstätte und Ort kultureller Veranstaltungen. Sitzt der Besucher in Arturs Wohnung mit diesem grandiosen Blick auf die Alpen und den vielen Ecken und Schränken voller Seglerutensilien, so ahnt er, wie viel persönliches Glück ihm dieses Refugium geschenkt hat.

Blick vom „Forum am See" auf den Bodensee

Artur Schwörer (links) mit
der Acrissa II vor Saint Tropez

„Segeln hat mich durch mein Leben begleitet"

Der Segelsport besitzt im Leben des Artur Schwörer eine zentrale Bedeutung. Er wird zu einer Leidenschaft und führt zu der von ihm mit großer Liebe geförderten Renaissance der 30er-Schärenkreuzer-Regatten, bei denen er mit Begeisterung und Ehrgeiz mitkämpft. Segeln ist für Artur Abenteuer, sportliche und persönliche Entspannung und Herausforderung, eine besondere Form des von ihm auch als Unternehmensleiter so erfolgreich praktizierten Teamgeistes. Es ist die Weite der Seen und des Meeres, die ihm Stunden der Meditation schenkt, ihn als Segler, als schöpferischen Unternehmer lockt, die aber auch seine immer vorhandene Risikobereitschaft provoziert.

Europa-Cup 2006

Am Anfang steht eine komödiantische Szene, die sich im Winter 1960/61 abspielt: „Zum Segeln kam ich beim Skifahren. Ich war häufig mit meinen Brüdern und einigen Freunden übers Wochenende in Zürs in der ‚Alpenrose'. Nach dem Abendessen gingen wir meist noch in den Nebenraum zu Gustav in die Bar. Mein Freund Eugen Immler saß an der Theke und sagte: ‚Du, Artur, da ist einer, der will ein Segelboot verkaufen.' – ‚Ich kann nicht segeln.' – ‚Ich auch nicht.' – ‚Was soll es kosten?' – ‚7 000 DM, für jeden 3 ½, wenn du mitmachst.' Nachdem wir nicht mehr ganz nüchtern waren, haben wir das Boot gekauft." Auf diesem kuriosen Weg ist Artur Mitbesitzer eines 20er-Jollenkreuzers geworden. Als er allerdings einige Wochen später im kleinen Segelhafen von Langenargen seinen Kauf in Besitz nehmen will, „schaute nur noch der Mast aus dem Wasser. Das Schiff war völlig morsch, sodass wir in der nahe gelegenen Werft noch einmal 7 000 DM Reparaturkosten zu zahlen hatten". Die Jolle findet in Lindau ihren Heimathafen, und ein Jahr lang fährt Artur fast jeden Sonntag an den Bodensee und beginnt mit seiner – wie sich zeigen wird – überaus erfolgreichen Seglerausbildung. Bald ersetzt er sein Boot durch ein älteres Modell der Drachenklasse. Es wird ihn die nächsten fünf Jahre begleiten. „Auf dem Drachen mit Namen ‚Gluckser' habe ich segeln sehr empirisch gelernt. Ich hatte nie einen Segelkurs gemacht. So hatte ich es am Anfang nur dem sicheren Schiff zu verdanken, dass ich im Sturm nicht unterging." Auf den alten Drachen folgt ein neues Drachenmodell „in wunderschönem Mahagoni", das er zusammen mit Christl in Hamburg kauft.

Mit seinem neuen Drachen wird Artur zum Regattasegler. „Bei viel Wind war dieser A&R-Bau (das ist die berühmte Werft

Abeking & Rasmussen) auch schnell. Jedoch bei wenig Wind war er anderen, moderneren Rümpfen etwas unterlegen." Fünf Jahre später greift er zu, als er von den Segelolympiasiegern (5,5er-Klasse) von 1968, den Brüdern Sundelin, „einen exzellenten Drachen" kaufen kann. „Der Sundelin-Drachen mit dem Namen ‚Debütant' war ein „Petersen & Thyssen"-Bau. Er war nicht schön. Meine Frau war entsetzt, als sie ihn zum ersten Mal sah, denn er war nicht aus Naturholz, sondern mit einer hässlichen graugrünen Farbe gestrichen. Aber er war schnell, und auf diesem Schiff habe ich einige sehr gute Plätze in Regatten gefahren und Preise geholt."

Artur wird nicht nur ein enthusiastischer, sondern auch ein guter und erfolgreicher Sportsegler. Das Leben als Abenteuer: „Den schwersten Sturm mit meinem Drachen habe ich auf dem Chiemsee mitgemacht. Meine Frau war Mitschiffsmann und Hans Weller Vorschiffsmann. Die Gischt war so hoch, dass meine Frau Angst hatte, dass sie auf dem Boot am fliegenden Wasser erstickt. Aber es ging alles gut."

Viele Jahre ist er Mitglied und großer Förderer des Lindauer Segler-Clubs. Sein Herz hängt dabei vor allem an der Jugendarbeit. Jährlich wird auf dem Bodensee der PERI-Cup gesegelt, und die Clubabende sehen stets ein den Anliegen seines Vereins zugewandtes und hilfsbereites Mitglied.

Als Drachensegler nimmt man von See zu See – Chiemsee, Starnberger See, Ammersee, Bodensee – an den schönsten Regatten teil. Mit der Geburt der Kinder und der dadurch für Christl entstehenden Mehrbelastung werden diese „Von See zu See"-Reisen zeitlich immer schwieriger. 1979 krönt Artur daher sein Seglerleben mit dem Umstieg auf die 30er-Schärenkreuzer-Klasse. Mit diesem

Die Acrissa II vor Porto Cervo, Sardinien 2003

Artur Schwörer, Caesar Georgi, Martin Hostenkamp und Christian Schwörer in Marciana Marina auf Elba

Boot muss er nicht mehr zu den verschiedenen Rennen reisen, sondern kann am Bodensee bleiben. Dort werden genügend Wettkämpfe für diese Klasse ausgeschrieben. „Regattasegeln auf dem 30er hat mich fortan durch mein Leben begeistert und begleitet."

Der 30er-Schärenkreuzer ist ein besonders elegant gebautes, zeitlos wirkendes Boot mit vergleichsweise geringer Segelfläche und Verdrängung. Er hat nicht nur eine hohe Rumpfgeschwindigkeit, sondern ist auch gut zu handhaben. Die projizierte Segelfläche ist 30 Quadratmeter groß, mit Überlappung der Genua kommt man auf fast 50 Quadratmeter, was relativ wenig für ein 12-Meter-Schiff ist. Der Spinnaker kann über 100 Quadratmeter groß sein. Der 30er ist 1908 in Schweden als Konstruktionsklasse entworfen worden. Ende der 1960er-Jahre hat er besonders auf dem Bodensee eine Renaissance erlebt.

Artur wird sich 1984 bei der Werft Beck & Söhne auf der Insel Reichenau einen eigenen 30er bauen lassen, in den er viel eigene Konstruktionsarbeit bei der Gestaltung des Cockpits einfließen lässt. Ein zweites Boot folgt 2007. Arturs Boote werden heute von den beiden Söhnen Christian und Marco gefahren, „die meine

Segelleidenschaft übernommen haben, jeweils in Regatten gegeneinander segeln zu können – und es auch tun".

Artur nimmt nicht nur an Bodensee-Regatten teil. Er wird auch – wie erwähnt – bei Wettbewerben vor der schwedischen Küste, vor Saint-Tropez oder im Revier von Porto Cervo dabei sein. „Segeln war für mich wirklich eine wunderbare Erholung. Ich hatte immer gute junge Leute aus dem Club in Lindau, die mit dem Segeln aufgewachsen sind und sehr, sehr gute Mannschaftsmitglieder waren. Ich konnte mich auf diese jungen Mitsegler verlassen, sodass für mich eigentlich die ganze Arbeit drum herum nicht so anstrengend war. Das Segeln selbst hat mir eine unheimliche Freude bereitet: Ob wenig Wind, ob schlechtes Wetter – ich war am Montag wieder erholt und entscheidungsfreudig im Büro."

Der Segelsport ist für Artur ein wichtiger Teil seines Lebens geworden. In seinen letzten Lebensjahren ist er Präsident der 30er-Schärenkreuzer-Vereinigung. Er bekämpft mit großer Energie die Bestrebungen, neu gebaute 30er durch bessere Formeln schneller zu machen und damit die früher gebauten Boote dieser Klasse im Wettbewerb zu benachteiligen. Erfolgreich setzt er sich dafür ein, dass die Beschränkungen der Konstruktionsklasse 30er erhalten bleiben. Wie ernst er es damit meint, zeigt sich darin, dass er das Angebot eines namhaften Designbüros aus dem Norden ablehnt, ihm den Entwurf für einen garantiert 7 Prozent schnelleren 30er anzufertigen. Er informiert die Vereinigung von dem Angebot und teilt ihr seine Sorge mit, ein schnelleres Boot könne der Klasse schaden. Nur wenig Segelsportler seien materiell in der Lage, sich solche Nachfolgemodelle leisten zu können. Mit dieser Haltung löst Artur als Präsident Angriffe derjenigen aus, die den 30er wieder zur offenen Konstruktionsklasse zurückbringen wollen. Es hat ihn nicht in seiner Haltung beirrt.

Nur am Rande sei das Selbstverständliche angemerkt: Auch auf seinem Boot optimiert Artur Details und lebt sich als Erfinder aus. Er lässt zudem eine Schale fertigen, die der Produktion neuer Schiffe dienen soll. Es entstehen zwei Neubauten, und Artur setzt sich dafür ein, die neuen Boote optimal zu bauen und auszustatten. Er erwirbt eine für den 30er-Bau notwendige Lizenz und gibt sie an die Vereinigung weiter. Damit ist die 30er-Klasse frei von jeglicher Werftabhängigkeit. Wie immer: Wenn Artur etwas anpackt, dann mit vollem Einsatz. Er ist auch ein Macher, wenn es ums Segeln geht. Sein Mitvorstandsmitglied und Seglerfreund Wolfgang Hiß sagt später: „Seine professionelle Art, Sitzungen und Besprechungen zu leiten, dieses zielorientierte Vorgehen und seine freundschaftliche Haltung haben nicht nur bei mir eine tiefe Verbundenheit geschaffen. Die Größe dieses Mannes zeigte sich auch in der Eigenschaft, in einer Diskussion jedem die gleiche Aufmerksamkeit zu schenken, jedem zuhören zu können und auch verrückte Ideen zu unterstützen. Das ließ die 30er-Klasse jung bleiben."

Die erfolgreiche Entwicklung, die diese Bootsklasse nimmt, ist nicht zuletzt auch Arturs Verdienst. Im Jahr 2006 kann der Präsident stolz verkünden: „Die Freude am Regattasport ist in unserer Klasse weiter gewachsen. 45 Mannschaften zählt unsere Jahresrangliste 2006. Das ist ein Rekord. Sie unterstreicht die erfreuliche Entwicklung des 30ers. 23 Boote davon entstanden in den Jahren 1926 bis 1952 und sind für uns sogenannte Klassiker. Boote aus acht Jahrzehnten segeln miteinander."

Der letzte Kampf

Der Tod nimmt sich Zeit. Mitte der 1990er-Jahre verspürt der Mittsechziger eine Müdigkeit, die er bislang nicht gekannt hat. 1999 treten Rückenschmerzen auf, die Artur als Nierenprobleme deutet. Aber es ist die Krankheit zum Tode: Prostatakrebs in einem fortgeschrittenen Zustand. In den nächsten Monaten beginnt er eine im Vierteljahres-Rhythmus wiederholte Hormonbehandlung. Sie wirkt gut, die bedrohlichen PSA-Werte gehen zurück und verharren auf einem niedrigen Niveau. 2004 treten jedoch neue Beschwerden auf. Blasenkrebs wird diagnostiziert, und er muss sich im Dezember einer schwierigen Operation unterziehen, der sich ein mehrwöchiger Krankenhaus- und Kuraufenthalt anschließt.

Artur nimmt den Kampf auf und geht ihn an, wie er es als Ingenieur gewohnt ist: Akribisch konsultiert er verschiedene Ärzte, hinterfragt ihre Urteile und Methoden. Es werden schwere Jahre, die der Kranke – wie eigentlich immer in seinem Leben – mit einer bewundernswerten positiven Einstellung und einer lange ungebrochenen Hoffnung durchlebt. Einmal – im Herbst 2004 – muss er sogar einen notwendigen ärztlichen Eingriff verschieben, weil er sich bei einer wichtigen Kapitalmarkttransaktion unabkömmlich fühlt. Trotz der Erholungs- und Rehabilitationsaufenthalte lässt er in den kommenden Jahren die Zügel in seinem Unternehmen nie völlig los. Die wichtigen Unternehmensentscheidungen werden bis in seine letzten Lebensmonate hinein nicht ohne ihn gefällt. Bei PERI wird seine Erkrankung nie kommuniziert und im kleinen Kreis der Wissenden als Tabu behandelt. Arturs Führungsautorität soll innerbetrieblich und auch mit Blick auf die Kunden nicht beschädigt werden.

Nach der schweren Operation im Dezember 2004 zieht sich der Unternehmensleiter allerdings zunächst aus dem operativen Geschäft zurück. Christl setzt durch, dass das Ehepaar ausgedehnte

Urlaube macht. Das Haus in Lindau wird für ihn zunehmend zum Ort der Ruhe und der Reflexion. 2005 nimmt er seine Führungsarbeit bei PERI wieder verstärkt auf.

Mitte 2006 entdecken die Ärzte neue Metastasen, diesmal in der Lunge. Ein Schock für Artur, den er aber mit großer Energie und seinem nie ganz versiegenden Optimismus überwindet. Neuerlicher Rückzug aus Weißenhorn und zahllose Arztbesuche folgen. In der Frankfurter Universitätsklinik beginnt eine Chemotherapie. Sie muss alle sechs bis acht Wochen wiederholt werden, und die Behandlung macht längere Erholungspausen notwendig.

Ende September 2007 treten zusätzliche Komplikationen auf. Die Blutwerte verschlechtern sich plötzlich. Artur wird mehrmals in der Universitätsklinik Ulm behandelt. Es kommt zu einem Nierenversagen. Der Kranke muss jetzt an jedem zweiten Tag für mindestens drei Stunden an die Dialyse. Bald wird er an die Universitätsklinik Mainz überstellt. Dort wird eine seltene Autoimmunerkrankung diagnostiziert. Die schnelle und dramatische Verschlechterung seines körperlichen Zustandes trifft Artur und seine Familie unerwartet. Noch im September – so berichtet der Sohn Christian – ist er in sehr guter Verfassung, segelt er als Steuermann auf seinem geliebten 30er den von ihm ins Leben gerufenen PERI-Cup mit und gewinnt ihn. Es bleibt aber der erschreckende Tatbestand: Das letzte Viertel des Jahres 2007 bringt für seine Lebensarbeit einen tiefen Einschnitt. Artur ist kaum noch im Unternehmen präsent.

In diesen für die ganze Familie schweren Jahren ist es ein besonderes Glück, dass die beiden älteren Söhne – beide erst in den dreißiger Lebensjahren – sich auf besondere Art bewähren. Alexander Schwörer ist vom Vater bereits im Sommer 1994 – damals ist er noch Student – nach Amerika geschickt worden, um die dort bislang wenig erfolgreichen, von Verlusten begleiteten Geschäfte von PERI zu überprüfen und auf die Erfolgsspur zu bringen. Nach seinem Studienabschluss übernimmt er 1999 (gemeinsam mit einem weiteren Geschäftsführer) die Leitung der amerikanischen PERI-Tochter. Alexander wird auch eine PERI-Niederlassung in Kanada gründen und eine Dependance in Mexiko anstoßen. 2003 wird er Mitgeschäftsführer der Weißenhorner PERI GmbH.

Christian Schwörer ist nach seinem Studium bei Goldman Sachs in London tätig. Die Krankheit des Vaters ruft auch ihn nach Weißenhorn. 2004 steigt er in das Unternehmen ein und wird 2006 ebenfalls PERI-Mitgeschäftsführer. Christian Schwörer bewährt sich anfangs vor allem als „Finanzminister" des Unternehmens. Die von ihm entwickelte Neustrukturierung der Firmenfinanzen, die PERI von den Banken unabhängiger macht, ermöglicht überhaupt erst die Verdoppelung der Unternehmensgröße zwischen 2004 und 2008. Für Artur und Christl Schwörer hat der Begriff „Verantwortung" immer einen besonderen Stellenwert besessen. Sie haben ihre Kinder in diesem Sinn erzogen, und die Ernte dieser ethischen Pädagogik können sie in der für die ganze Familie so schwierigen und von persönlichen Umbrüchen begleiteten Zeit einfahren.

Artur ist jetzt häufig in seinem Lindauer Haus. Angesichts der Konfrontation mit der Endlichkeit erleben Christl und Artur – so erzählt die Witwe Jahre später – ihre Gemeinschaft mit einer neuen Innigkeit. Reisen, Musik, Theater, Segeln und Skifahren – wo immer es noch möglich ist, versuchen sie, mit dem ihnen auferlegten Schicksal fertig zu werden. Über das Sterben spricht der Kranke in der Familie nur selten. Aber er durchlebt natürlich auch verzweifelte Stunden. Nicht mehr Herr über sich selbst zu sein, hinnehmen zu müssen, dass der Körper die ihm existenziell wichtige und seit seiner Jugend gelebte Selbstbestimmung versagt, ist das vielleicht Schrecklichste für ihn. Artur ist bei

Das Ehepaar Schwörer
im Jahr 2007

all seiner Lebenszugewandtheit und seiner zupackenden Art im Grunde immer ein schüchterner Mensch gewesen. „Das sollt ihr nicht sehen", sagt er, wenn die körperlichen Schwächen und das Leben mit der Dialyse ihn hilflos und abhängig zeigen.

Die notwendig gewordene, jetzt jedoch völlig veränderte Zusammenarbeit mit den Söhnen ist gelegentlich nicht ganz einfach, aber sie verläuft angesichts des persönlichen Dramas Arturs auf einer guten, rationalen Basis. Der beim Skifahren oder Segeln mit seinen Kindern so ausgelassene Vater ist in den Geschäftsgesprächen mit Alexander und Christian Schwörer ein knapp argumentierender, bestimmender und ernsthafter Chef. Er wird auch in den Zeiten, in denen Krankenhausaufenthalte und Erholungsurlaube ihn von Weißenhorn fernhalten, regelmäßig über die Entwicklungen bei PERI informiert. Bis seine Krankheit ihn zum Rückzug aus dem operativen Geschäft zwingt, ist seine Rolle als Unternehmensleiter klar definiert. Er ist ohne Wenn und Aber der Kapitän auf dem PERI-Schiff.

Es gibt keine irgendwo schriftlich festgehaltenen Nachfolgebestimmungen oder Verfahrensstrukturen, die der Zusammenarbeit zwischen Vater und Söhnen einen festen Rahmen geben. Artur sucht professionelle Beratung, um die Nachfolgefrage zu regeln. Aber sein Sohn Marco weist mit Recht darauf hin, „dass er – wie es seiner Persönlichkeit entsprach – dabei vielleicht konfliktbeladenen Themen ausgewichen ist". Für Artur ist PERI ein Familienunternehmen, in dem alle – wie einst im väterlichen Oberstetter Baustoffbetrieb – zusammenhalten und gemeinsam die anstehenden Probleme anpacken.

Das ist für die beiden jungen Geschäftsführer eine nicht leichte Situation. PERI ist in ganz andere unternehmerische Dimensionen vorgestoßen, als sie das Unternehmen des Johannes Schwörer oben auf der Schwäbischen Alb auch nur annähernd erreicht hatte. Ihre Erziehung und ihre Liebe zu den Eltern und Arturs nüchternes Ingenieursdenken haben entscheidend dazu beigetragen, dass die Schwörers tatsächlich gemeinsam die PERI-Geschicke in diesen ihr Leben so verändernden Jahren erfolgreich lenken können. Erst nach Arturs zunehmendem Rückzug aus dem Geschäft wird

Verleihung des Bayerischen Verdienstordens durch Ministerpräsident Günther Beckstein im Juli 2008

Christian Schwörer damit beginnen, die Führungsstrukturen bei PERI zu definieren und zusammen mit den Geschwistern einen Gesellschaftsvertrag auszuarbeiten, der den Nachfolgegenerationen einen verlässlichen und das Unternehmen sichernden Fahrplan vorgeben soll.

Der Vorhang zum letzten Akt hebt sich in Mainz. An der dortigen Universitätsklinik muss sich Artur mehrere Monate verschiedenen Therapien unterziehen, die vorübergehend zu einer Verbesserung seiner gesundheitlichen Situation führen. Aber die Nierenfunktion stellt sich nicht mehr ein. Ende Mai 2008 kehrt er in sein Wullenstetter Haus zurück. Dort ist die Apparatur für die an jedem zweiten Tag durchgeführte Dialyse eingerichtet worden. Artur kann in diesem Jahr nicht mehr an Konferenzen und Meetings bei PERI teilnehmen. Ein letzter öffentlicher Höhepunkt seines so erfolgreichen Unternehmerlebens findet am 25. August 2008 statt. Bayerns damaliger Ministerpräsident Günther Beckstein besucht und lobt das Weißenhorner Unternehmen. Der schwer kranke Artur führt den Politiker durch das Werk. Die Presse berichtet, und die PERI-Belegschaft kann ihren Chef noch einmal in Aktion erleben. Eine besondere Freude für Artur ist die Verleihung des Bayerischen Verdienstordens, den er sechs Wochen vor dem hohen Besuch in München entgegennimmt.

Es beginnen die letzten Wochen im Leben des Artur Schwörer. Seine Gedanken kehren in die Vergangenheit zurück, zu den Jugendjahren in Oberstetten, zur emotionalen und geschäftlichen Trennung von den Brüdern. Als Christl ihn zwei Monate vor seinem Tod fragt, ob er nicht seine Geschwister einladen möchte, sagt er mit einem ruhigen Lächeln: „Ja, gerne." Seinem Sohn Marco diktiert er autobiografische Notizen. Marco studiert seit 2002 in Wien Betriebswirtschaft. Die Krankheit des Vaters erlebt der jüngste Sohn, der als Student nicht wie die beiden älteren Brüder bereits im väterlichen Unternehmen tätig sein kann, besonders intensiv. Sie hat ihn mitgeprägt, eine bis heute im Gespräch spürbare sympathische Nachdenklichkeit und Sinnsuche ausgelöst.

Neben Christl ist es die bis zu ihrem Abitur im Jahr 2004 noch im Wullenstetter Haus lebende Tochter Nathalie, die sich auf rührende Art um den Vater kümmert. Seine Krankheit begleitet dann auch ihr gesamtes Architekturstudium in München und in Mailand. In den letzten schweren Monaten unterbricht sie das Studium (das sie dann 2010 erfolgreich beendet), um bei dem sterbenden Vater zu sein. Stärker als die Söhne erlebt sie die Sorgen und Ängste der Mutter mit.

Es ist eine einsame, harte Sache um das Sterben. Aber Artur ist in den schwersten Monaten seines Lebens nicht allein. Sein seit den frühen Oberstetter Tagen gehegter Traum von einer „heilen" Familie, die in Freude, Not und Arbeit zusammenhält, hat sich in seinen letzten Lebensjahren auf eine wundervolle Weise erfüllt. „Ab Weihnachten 2008", schreibt Christian Schwörer, „verschlechterte sich der Zustand meines Vaters zusehends weiter. Er wurde schwächer und musste mehrfach täglich mit Sauerstoff beatmet werden." Artur Schwörer stirbt am 15. April 2009.

Es ist an einem der ersten schönen Frühlingstage des Jahres 2008. Artur hat wochenlang in der Mainzer Universitätsklinik in einem weißen, von medizinischen Apparaten und Kabeln geprägten Krankenzimmer, das zum dunklen Innenhof ausgerichtet ist, um sein Überleben gekämpft. Als ihn seine Tochter in ein frei gewordenes Zimmer mit Gartenblick bringt, will er sofort zum Fenster geschoben werden. Draußen ist die Natur an einem strahlenden Sonnentag erwacht, und nach Wochen sieht Artur sie zum ersten Mal wieder in ihrer ihn überwältigenden Schönheit. Tränen stehen in seinen Augen und er sagt: „Nathalie, das ist Glück."

Nachwort

Der Autor hat Artur Schwörer nicht persönlich gekannt. Das ist Vorteil und Nachteil zugleich. Einerseits bleibt dadurch die für eine Lebensbeschreibung notwendige Distanz, andererseits kann das Porträt nicht durch Selbsterlebtes angereichert werden. Diese biografische Skizze beruht in erster Linie auf zwei Säulen. Artur Schwörer hat in seinen letzten Lebensjahren recht umfangreiche Notizen über seine Jugend, seine Ausbildung, seine geschäftlichen Unternehmungen und seine Aktivitäten als Segelsportler diktiert. Es war ihm ganz offensichtlich wichtig, sein Leben noch einmal zu reflektieren, Rechenschaft abzulegen über das, was er aus ihm gemacht hat. Diese autobiografische Hinterlassenschaft stand dem Autor in vollem Umfang zur Verfügung. Ebenso der Briefwechsel, den Schwörer im Zusammenhang mit der geschäftlichen Trennung von seinen Brüdern geführt hat. Der Autor hatte auch Einblick in die geschäftlichen Daten des PERI-Werkes. Artur Schwörers ältere Brüder Hermann und Hans Schwörer haben in Broschüren und Tondokumenten ausführlich von ihrem Leben erzählt. Diese Schriften und Interviews bieten vor allem für die frühen Jahre Artur Schwörers unverzichtbare Hinweise.

Die zweite Säule für dieses Buch waren die zahlreichen und offenen Gespräche, die der Autor mit ehemaligen Mitarbeitern, mit Geschäfts- und Segelfreunden oder Hausangestellten Artur Schwörers geführt hat. Alle Interviews waren von großer Zuneigung und Wertschätzung für den ehemaligen Chef oder Freund geprägt. Wo notwendig, verbarg jedoch kein Gesprächspartner kritische Seiten im Charakter Schwörers.

Der größte Dank aber gilt der Familie. Christl Schwörer und ihre vier Kinder standen dem Autor zu allen Fragen ebenso bereitwillig zur Verfügung wie Arturs jüngster Bruder Heinrich. Ohne diese Gespräche wäre dieses Porträt nicht möglich gewesen. Wobei der Autor bei der Abfassung des Manuskriptes, das auf Wunsch von Christl Schwörer geschrieben wurde, keinerlei Einschränkungen oder inhaltlichen Eingriffen begegnet ist. Er allein hat zu verantworten, was dem Leser auf diesen Seiten über das Leben und Wirken Artur Schwörers erzählt wird.

Wiesbaden, Herbst 2016

ÜBER DEN AUTOR

Wilhelm von Sternburg, geb. 1939, studierte Volkswirtschaft und Geschichte. Über dreißig Jahre arbeitete er als Journalist für Zeitungen, Hörfunk und Fernsehen. Zuletzt war er Chefredakteur Fernsehen des Hessischen Rundfunks. Seit 1993 ist Sternburg als freier Autor tätig und schreibt für verschiedene Zeitungen und Zeitschriften. Die ARD strahlte zahlreiche Hörfunkfeatures und Filmdokumentationen Sternburgs aus. Er veröffentlichte Bücher zur Geschichte und zur Zeitgeschichte sowie Biografien über Konrad Adenauer, Gustav Stresemann, Carl von Ossietzky, Lion Feuchtwanger, Erich Maria Remarque, Joseph Roth, Anna Seghers und Arnold Zweig. Sternburg ist Mitglied des PEN-Zentrums Deutschland und Träger des Ernst-Johann-Literaturpreises 2015.

IMPRESSUM

Bildnachweis:
Seite 7, Reinhold Armbruster-Mayer
Seite 13, Heimatmuseum Weißenhorn
Seite 55, Behr Einrichtung GmbH
Seite 62, Staatliche Fachschule Rosenheim
Seite 151, James Robinson Taylor
Alle weiteren Bilder sind aus dem Privatbesitz
und dem Firmenarchiv.

1. Auflage 04/2017
Passage-Verlag

Gestaltung/Satz: Thomas Liebscher und PERI GmbH
Druck/Binden: Fritsch-Druck

ISBN 978-3-95415-059-5